ԱՌՋԵՒՆ
ՆԱՄԱԿԱՆԻ

ԱՌՁԵՌՆ

ՆԱՄԱԿԱՆԻ

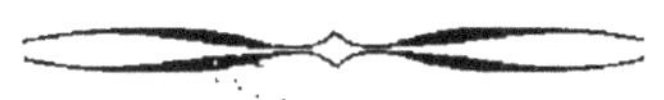

ՊԱՐՈՒՆԱԿՈՒԹԻՒՆ

ՆՈՐ ՏԱՐՒՈՅ ԵՒ ԱՆՈՒԱՆ ՏՕՆԻ ՆԱՄԱԿՆԵՐ

ՈՒՂԵՐՁ

ՑԱՒԱԿՑԱԿԱՆՆԵՐ, ՅԱՆՁՆԱՐԱՐԱԿԱՆՆԵՐ

ԳՈՐԾԻ ՆԱՄԱԿՆԵՐ

Ցուցակներ, Աղերսագրեր, Վկայագրեր

ԸՆՏԱՆԵԿԱՆ ՆԱՄԱԿՆԵՐ

Տոմսակներ, Հեռագրեր

ԳՐԱԳԷՏՆԵՐՈՒ ՆԱՄԱԿՆԵՐ

Գ. Տպագրութիւն

Յօրինեց

ՍԻՄՈՆ ԳԱԲԱՄԱՃԵԱՆ

Հրատարակիչ

ՅԱԿՈԲ ԱԲՐԱՀԱՄԵԱՆ

Տպագրութիւն
Յ. ԱԲՐԱՀԱՄԵԱՆ
ՊՈԼԻՍ

ՆԱԽԱԲԱՆ

Ի՛նչ հարկ *Նամականի* հրատարակել, մինչ մարդս իր ընդունած դաստիարակութեամբ եւ փոքր ի շատէ գրելու վարժութեամբ կրնայ բան մը խմբագրել։

Այս առարկութիւնն ըստ երեւութին ո՛րքան որ հիմնաւոր թուի, չի կրնար Նամականիի մը հրատարակութիւնն անպէտ ցուցընել։ Վասն զի Առձեռն Նամականիներ անոնց համար են, որ պէտք ունին օրինակներ տեսնելու։ Յաճախ նաեւ ընտանեկան կամ առեւտրական նամակ մը գրելու շատ կարող մէկը կը շուարի, երբ հարկ ըլլայ գրել արտաքոյ կարգի թուղթ մը, աղերսագիր մը կամ նամակ մը որ անպատասխանի պիտի մնայ, եթէ հին սովորութեամբ որոշուած ձեւեր հազիւ պահուած չըլլան։

Ի՞նչու ուրեմն արհամարհանօք մէկդի նետուի առաջնորդ մը որ շատ անգամ կրնայ օգտակար ըլլալ։

Այսպիսի առաջնորդ մը ըստ կարելւոյն վստահելի եւ ձեռնհաս կացուցանելու համար՝ ջանացինք բազմաթիւ նամականիներ ուսումնասիրել։ Այս կերպով կազմեցինք այս երկը։

Ուսանողութեան ծառայելու համար գլուխներուն վերջը *ընդլայնելիք նիւթեր* զետեղեցինք։

Հետամուտ եղած ենք ամէն տեսակ նիւթի համար օրինակներ տալ։ Պէտք չէ կարծել թէ այս օրինակները վերջնական են. այդ՝ սխալ մ'է։ Իւրաքանչիւր ոք պէտք է ընէ փոփոխութիւններ զորս, ողջմտութիւնը ցոյց պիտի տայ եւ պարագաներուն յարմարցնել անոր ձեւը։

Թուղթ.— Պէտք է առ հասարակ թուղթը եզերքէն ուղիղ կտրուած ըլլայ։ Աղերսագրի համար կը գործածուի միածալ թուղթ, (papier ministre) պաշտօնական թուղթ կոչուածը։ Պէտք է երկթերթ ըլլայ ան։

Քառածալ կամ սովորական նամակի թուղթը ընտանեկան կամ գործի նամակներու համար պէտք է գործածուի. անվայել է կէս թերթ գործածել։ Սովորութիւնը միայն առեւտրական նամակներու համար կը ներէ այս բանին, ութածալ թուղթը տոմսակներու համար կը գործածուի։

Թուական — Կը ցուցնէ այն տեղը ուր կը գրուի ամսաթիւը եւ տարին, գործի կամ առեւտրական նամակներու մէջ ստորագրութենէն վերջ վարը ձախ կողմը դնելու կամ վերը։

Դիմագրութիւն նամակաց.— Պէտք է մէկ տողի վրայ ըլլայ. ասոր եւ գրուածին մէջ թողուած միջոցը յարգանքի նշան մ'է։ Աղերսագիրներու կամ հրաւիրագիրներու մէջ սովորութիւն է թերթին մէջտեղէն քիչ մը վեր դնել։

Պէտք չէ որ երբեք համառօտագրեալ ըլլայ. *Տէր Տիկին* բառերը կը բաւեն պարզ նամակներու մէջ։ Աղերսագիրներու մէջ սովորութիւն է վերնագրէն վեր ցուցնել աղերսագրին ընդունող անձին պաշտօնանուններն ու աստիճանն եւայլն։ Դիմագրութիւնը պէտք է դրուի թերթին մէկ երրորդ մասին վրայ, գլխագրութեան եւ նամակին բուն գրուածքին մէջ պէտք է հաւասար միջոց թողուլ։ Պէտք չէ մոռնալ թէ այս պատշաճութեան նշանները անհրաժեշտ են, եւ թէ անոնցմէ յաճախ կախում ունի յաջողութիւն մը։

Նամակի բուն գրութիւն.— Ամէն բանէ առաջ պէտք է դիւրընթեռնելի գրուած ըլլայ. տարիքով կամ դիրքով ակնածելի անձանց ուղղեալ նամակներու մէջ պէտք է համառօտիւ ծանուցանել նամակին նպատակը։ Կարեւոր է յաճախ կրկնել *Տէր, Տիկին* բառերը ըստ աստիճանի այն անձերուն որոց կը գրուի։ Զուարճաբան ոճը միայն երիտասարդներու կամ հաւասարներու մէջ ընդունելի է։

Այս վերջին դէպքին մէջ միայն հարցումը ներելի է, յոյժ քաղաքավար ձեւով կրնայ ըլլալ. պատկառելի անձի մը չպիտի ըսէք. Տեղեկութիւն տուէք, կ'աղաչեմ, այլ պէտք է ըսել. Ներելի՞ է աղաչել որ ինձ տեղեկութիւններ շնորհէք... եւայլն։ Մտերմութեան մէջ միայն ներելի է նամակը առնող անձին միջոցաւ նոյն քաղաքի բնակող ուրիշ անձի մը բան մը ըսել տալ։ Ազգականաց համար ընդունելի են պատուասիրական խօսքեր։ Բայց պէտք է միշտ անձնական բանաձեւ մը գործածել։ Զոր օրինակ, ներեցէք որ Ձեր պարոն եղբայրը նամակիս մէջ գտնէ յարգանացս հաւաստիքը։

Ներքնագրութիւն կամ ստորոտ նամակի.— Տարիքոտ ծնողաց կամ ազգականաց ուղղեալ նամակներուն մէջ պէտք է միշտ յարգանք բառը դնել։ Պաշտպանի մը ուղղեալ նամակաց մէջ երախտագիտութիւն բառը։ Հաւասարներուն մէջ քաղաքավարութիւնը միշտ բարւոք ընդունելի է։ Առեւտրական նամակներ կ'աւարտին այսպէս. Պատիւ ունիմ զձեզ բարեւ ւել։ *Անձնուէր ծառայ.* *Ձեր* բազմաձեւը կրնայ զարածուիլ նոյն աստիճանի անձանց միջեւ, որմէ անհանոյ հետեւանք մը չծագիր։

Ստորագրութիւն.— Ընդհ. կանոն է որ գրութիւնք պէտք է դիւրընթեռնլի ըլլայ, եւ ստորագրութիւնը աւելի եւս։ Զգուշացէք գծերու խառնիխուռն մանուածներէ։

Յետ գրութեան.— Նամակին շարունակութիւն մ'է այս, որ ստորագրութեան տակ կը գրուի։ Յետ գրութեան մասը պէտք է աւելցնել պատուասիրական խօսքերու համար, նոյնպէս մոռցուած բան մը նշանակելու համար, եւ այսպիսի դէպքի մէջ գրուելու է այնպէս ինչպէս ցցուցինք *բուն գրութիւն* նամակի յօդուածին մէջ։ Ուրիշ ամէն առթի մէջ անմտադրութեան նշան է. հաւասարներու մէջ ներելի է այն։

Ծալլել կնքել.— Պէտք է որ նամակները խնամով ծալլուին, այնպէս որ անզգոյշ հետաքրքրութիւնը չկարենայ աչք նետել անոր վրայ։ Աղերսագրեր եւ կարեւոր գործոց տեղեկացուցիչ գրութիւններ չորս ծալլուելով պահարանի մէջ պիտի դրուին։ Այսպէսով պիտի ըլլայ նաեւ երեւելի անձանց գրուած նամակներու համար։ Կարմիր կնքամոմը պիտի գործածուի աղերսագիրներու եւ պահարանով գոցուած նամակներու համար։

Երեսագիր.— Գրեցէք անունն, արուեստն կամ աստիճանն այն անձին՝ որուն կ'ուղղէք նամակը։ Հոս ալ մի մոռնաք թէ *Տէր* կամ *Տիկին* բառերն ամբողջ գրելով պէտք է գրուի։ Եթէ մեծ քաղաքի մէջ բնակող անձի մը կը գրէք, փողոցին անունն կամ տան թիւն անհրաժեշտ կարեւոր են։ Եթէ երկու քաղաքներ միեւնոյն անունն ունենան, պէտք է յաւելուլ նաեւ նահանգին կամ գաւառին անունն։

Հետեւեալ ցանկը պաշտօնութիւններ ու համեմատ պատրաստուած է, կը ճշդէ շքանուանց գործածութիւնն

ՇՔԱՆՈՒԱՆՔ ԵԿԵՂԵՑԱԿԱՆԱՑ

Ա. Կաթողիկոսական կամ Հայրապետական

Տէր Հայրապետ կամ Աստուածընտիր Հովուապետ. — Հոգեւոր Տէր. — Օծութիւն։

Բ. Մասնաւոր Կաթողիկոսաց

Սսոյ և Աղթամարայ. — Շնորհազարդ Կաթողիկոս. Ն. Շնորհափայլութիւն։

Գ. Պատրիարքական

Ամենապատիւ Սրբազան Պատրիարք, — Սրբազան Հայր կամ Տէր. — Բարձր Սրբազնութիւն Ամենապատուութիւն։

Դ՝ Հրաժարեալ Պատրիարքաց

Ամենապատիւ արքեպիսկոպոս. — Ամենապատուութիւն։

Ե. Եպիսկոպոսական

Գերապատիւ եպիսկոպոս. — Սրբազան Հայր կամ Տէր. — Գերապատուութիւն։

Զ. Վարդապետաց կամ Աւագ Քահանայից

Արժանապատիւ Սուրբ Հայր կամ Տէր. — Արժանապատուութիւն։

Է. Քահանայական

Հոգեշնորհ Տէր Հայր. — Հայրութիւն։

Ը. Սարկաւագական

Բարեկրօն Սարկաւագ։— Տիրացու Եղբայր.— Եղբայրութիւն։

ՇՔԱՆՈՒԱՆՔ ԱՇԽԱՐՀԱԿԱՆԱՑ

Աստիճանաւորներու

Վսեմաշուք Տէր, Պէյ.— Վսեմութիւն

Դիրքի տէր Անձնաւորութիւններու

Ազնուաշուք Տէր.— Ազնուութիւն։

Է. Հասարակական

Մեծապատիւ կամ Մեծարգոյ Տէր.— Մեծապատուութիւն։

ՇՔԱՆՈՒԱՆՔ ԻԳԱԿԱՆ ՍԵՌԻ

Դ. Ազնուական

Ազնուաշուք Տիկին.— Շնորհափայլ Ազնուութիւն (Օրիորդաց) Ազնուական Օրիորդ.— Ազնուութիւն։

Ե. Հասարակական

Համեստափայլ Տիկին, Շնորհափայլ կամ Նազելաշուք Օրիորդ.— Ազնուութիւն։

ՆԱՄԱԿԱՆԻ

ԳԼՈՒԽ Ա.

ՆՈՐ ՏԱՐՒՈՅ ԵՒ ԱՆՈՒԱՆ ՏՕՆԻ ՆԱՄԱԿՆԵՐ

Դիտողութիւն. — Ընդհանրապէս կարճաբան ոճն այսպիսի նամակներու մէջ պէտք է իշխէ, որոց նպատակն է կորով եւ յարգանք յայտնել։ Այսպիսի պարագայի մէջ մտացի երեւնալու նկրտիլն անմտութիւն է։ Ծնողքի, մեծերու բարեկամի ուղղուած այսպիսի պատուասիրական խօսքեր պէտք է սրտէ թելադրուած ըլլան, աւելի լաւ կ'ըլլան, **Պարզութիւն** եւ **յստակութիւն** այսպիսի ոճի մը գլխաւոր տարրերն են։

1. Մանկան մը նամակը իր ծնողքին։

Գորովագո՛ւթ ծնողք իմ,

Շատ երջանիկ պիտի ըլլայի, եթէ այսօր ձեր մօտէն եղած յայտնէի Ձեզ իմ սրտագին բարեմաղթութիւններս. բայց կը մխիթարուիմ, երբ այս մէկ քանի տողերը կ'ուղղեմ, կրկնելու թէ Ձեզ թէ սրտանց կը սիրեմ։

Ձեր երջանկութեան կը փափաքիմ միշտ և կը մաղթեմ Ձեզ քաջառողջ անվիշտ ծերութիւն մը։

Զ'ոնէ հեռու ժամանակը ինծի երկար կ'երեւէ, շատ երկար, կը յուսամ քիչ ատենէն զՁեզ տեսնել և եռանդով գրկել։ Հիմա ուրիշ բան չունիմ Ձեզ գրելու, բայց եթէ սիրոյս համբոյրները։

[Թուսկան] *ՁՁեզ շատ սիրող հնազանդ որդի*

* * *

---

2. Նոյն Նիւթ

Ամենասիրելի՜ ծնողք իմ

Նոր տարւոյ սեմին վրայ դեռ նոր ոտք դրած կը շուարիմ թէ ի՞նչ բառերով հիւսեմ երախտագէտ սրտիս շնորհաւորութիւնները Ձեզ նուիրած։ Ո՛չ, չեմ կրնար տկար մտքովս չափել Ձեր սիրոյն մեծութիւնը։ Ձեր բոլոր բարիքները Ձեր շնորհներն այնքան հոգւոյս՝ մէջ այս միայն արձագանգը ունին. երախտագիտութի՜ւն, միշտ երախտագիտութի՜ւն։

Սիրելի ծնողք իմ, ապրեցէ՛ք դուք ուրախ և զուարթ. Ձեր որդիք, Ձեր սիրով հպարտ և երջանիկ վայելեն երկար շատ երկար տարիներ Ձեր քաղցր հովանին և թող վիշտը երբեք չգիտնայ մեր տան ճամբան, մինչեւ որ ողջունէք խաղաղ ծերութիւնը, շրջապատուած սիրելիներով։

Պատուական ծնողք իմ, Աստուած որ վերէն կը

հսկէ միշտ մեր վրայ օրհնէ, մեր տունը, ուր Ձեր որդիք իբրև ընտանեկան դրախտին հրեշտակները երգեն միայն ուրախութիւններ, մաղթանք երկար և երջանիկ տարիներու ։

[Թուական] Ձեր անձնուէր որդին

* * *

---

3 Թոռան մը նամակը իր հաւուն

Սիրելի՛ Պապիկ

Նոր տարին հաւատարիմ յուշարար մ'է անկեղծ պարտականութիւններ կատարելու, այս ինձ կը թելադրէ Ձեզ ուղղել բարեմաղթութիւնս ։ Ինչու այս օրը մանաւանդ զուրկ ըլլայի Ձեր անոյշ գգուանքներէն ։ Կ'ուզէի տկար գրչովս բանալ սիրտս բայց կը վախնամ որ գուցէ չի կրնայ յաջող թարգմանս ըլլալու. այս մասին դատապարտեցէք գրիչս, բայց, կ'աղաչեմ, մի՛ կարծէք զիս Ձեզ նկատմամբ անտարբեր ։

Նամակիս կը կցեմ ստացած թիւերս. երջանիկ եմ, վասնզի գէթ այս կերպով կը փոխարինեմ այն երախտիքին, զոր Ձենէ վայելած եմ ։

Այս պահուն, Սիրելի՛ պապիկս, եռանդով կը կը գոչեմ շատ ապրիք ։

* * *

---

4. Աղջկան մը նամակը իր մօրը

Սիրելի՛ մայր իմ,

Նոր տարւոյ այս օրն բարենշան է ինձ. վասն զի վաղուց ի վեր սահմանուած է այն սիրոյ և գորովանքի փոխանակութեան մը, բան մը որ ինձ շատ հաճելի է. որովհետև միանգամ ևս սէրս յայտնելու պատեհութիւնը կ'ունենամ։ Անշուշտ գիտէք թէ ի՛նչ կ'զգամ Ձեզ նկատմամբ. բայց քաղցր է ինձ հաստատել զայն այս առթիւ ալ։ Մեծ հաճոյքով կը կարդամ Ձեր նամակներն, և չեմ տարակուսիր թէ դուք ևս միևնոյն զգացումով կը կարդաք։

Հեռաւորութիւնը ինձ դառն է միշտ. ո՜հ, չկրցայ վարժուիլ բաժանման վշտերուն։

Սիրելի՛ մայր իմ, աներկմիտ եղէք թէ իմ ընթացքս պիտի համապատասխանէ Ձեր սիրոյն և հոգածութեան, զորս առատօրէն շռայլած եմ կեանքիս առաջին օրէն. մինչ հեռու եմ Ձենէ, անոնք են իմ ուրախութիւններս։ Կեանքիս մէջ մի օրը կ'անցի ու կ'աւելնայ Ձեզ նկատմամբ ունեցած սէրս։

Ընդունեցէ՛ք, սիրելի՛ մայր իմ, նոր տարւոյ առթիւ ջերմ բարեմաղթութիւններս և սիրոյ համբոյրներս։

[Թուական] Հնազանդ դուստրդ

* * *

5. Փոքրիկ աղջկան մը նամակը իր հօրը

Սիրելի՛ հայր իմ,

Ի՜նչ ուրախութեամբ կուգամ այսօր և կ'ըսեմ պարձեալ Ձեզ թէ սիրտս լի է Ձեր նկատմամբ ունեցած սիրոյս և երախտագիտութեանս զգացումներով։ Բարեբաղդ եմ որ հեռու ըլլալով հանդերձ կրնամ զգացմանցս արտայայտութիւնն ընել։ Այո՛, պիտի ջանամ Ձեր սիրոյն արժանի ըլլալ և վայելել Ձեր յարատեւ սէրն։

Կը փափաքիմ տեղեկութիւններ առնել Ձեր ողջութեան մասին, որովհետեւ սրտիս պէտքն է ապրիլ Ձեզ հետ և գիտնալ թէ ողջ էք և երջանիկ։

[Թուական] Հնազանդ դուստրդ

***

---

6. Նամակ կնքահօր մը ուղղուած

Սիրելի՛ կնքահայր իմ,

Եթէ այս առթիւ Ձեզ կ'ուղղեմ ջերմագին բարեմաղթութիւններս, ոչ թէ սովորութեան մը հարկը վճարելու համար է, այլ սրտիս պէտքը կատարելու։ Դուք իմ հայրագիրն եղած էք և ինծի սիրելի է յայտնել միշտ Ձեզ երախտագիտութիւնս։

Սիրելի՛ կնքահայր իմ, կ'աշխատիմ հաստատամտութեամբ. Ներփակեալ թիւերը կը ցուցնեն թէ ջանացած եմ միշտ Ձեր սիրոյն արժանի երեւալու։

Երախտագիտութեանս արտայայտութիւնն ըլլայ թող աշխատասիրութիւնս։

Ներկայ երկտողովս բարեմաղթութիւնները կը յղեմ Ձեզ և վստահ եղէք թէ անկեղծ են անոնք, որովհետև գիտէք Ձեզ նկատմամբ ունեցած սէրս։

Կ'ողջագուրեմ զՁեզ սրտագեղումով, միևնոյն ժամանակ յայտնելով կիս։

[Թուական] Ձեր երախտագէտ սանը

* * *

7\. Նամակ կնքամօր մը ուղղուած։

Սիրելի՛ կնքամայր իմ,

Մեծ ուրախութեամբ կու գամ այսօր և կը յայտնեմ յարգանացս, սիրոյս, երախտագիտութեանս հաւաստիքն որով եւս բարեպատեհ է այսօրն իմ զգացումներս յայտնելու համար Ձեզ իբրև իմ երկրորդ մօր։ Չպիտի մոռնամ Ձեր քաղցր և անշէջ սէրն, որուն պիտի ջանամ յաւէտ արժանանալ։

Վստահ եղէք, սիրելի՛ կնքամայր իմ, խօսքերուս անկեղծութեան և հաւատացէք ջանքերուս՝ որոնցմով պիտի պսակեմ Ձեր բոլոր իղձերը։

[Թուական] Ձեր խոնարհ և անձնուէր զաւակը

* * *

---

8. Նամակ հօրեղբօր մը հօրաքրոջ մը, եւն. ուղղուած

Այս տարի շատ հեռու եմ, որպէսզի շուրթն ի շուրթն սիրոյս արտայայտութիւնն ընեմ Ձեզ։ Ուստի տիպուած եմ շատ անզօր միջոցի մը դիմել, գրչիս, որ հակառակ իր տկարութեան պիտի յայտնէ բոլոր իղձերս. զորս կը տածենք ես և մեր տունը Ձեր երջանկութեան համար։

Հաճեցէք ընդունիլ զանոնք, որոնք այնքան անկեղծ են։

[Թուական] *Ձեզ սիրող*

* * *

---

9. Տիկնոջ մը ուղղուած

Ինձ մեծ պատիւ է այսօր գրիչս նուիրել Ձեր Ազնուութեան՝ որ կը բազմիք գահերէց ընկերութեան մէջ Ձեր հազուագիւտ ձիրքերով, կը մաղթեմ ի սրտէ որ Ամենաբարին Աստուած շնորհէ Ձեզ պատկը երկար տարիներ և ցեղածիծաղ օրերով լեցուն Դուք շրջապատուած սիրելիներով վայելէք ամէն քաղցրութիւնները։

Խորին մեծարանք առ Ձեզ

* * *

---

10. Բարեկամի մը ուղղուած

Սիրելի բարեկամ,

Որոշած էի անձամբ գալ և մատուցանել բարեմաղթութիւններս, բայց յանկարծական պարագայ մը զրկեց զիս իմ այս փափաքս կատարելէ։ Կ՚ուզէի Ձեր ձեռքը սեղմել և իմ սիրտս բանալ. բայց հիւանդ եմ և բժիշկը կ՚արգիլէ ինձ դուրս ելնել։

Լաւագոյն օրերու կ՚սպասեմ, որպէս զի բարեկամական այս հարկը մատուցանեմ Ձեզ. իսկ առ այժմ ուրախ եմ որ գրիչս կարող կ՚ըլլայ փոքր ի շատէ այս պարտքս կատարելու և մաղթելու Ձեզ երջանիկ տարիներ։

Կը ցաւիմ որ այս անկեղծական թղթով կը յայտնեմ, ինչ որ կենդանի բարբառով պիտի ուզէի արտայայտել։

Ընդունեցէք, սիրելի՛ բարեկամս, նոր տարւոյ ջերմ շնորհաւորութիւններս։

[Թուական]

---

11. Դարձեալ նոյն նիւթ

Սիրելի՛ բարեկամս,

Հարկ չիկայ սովորական բանաձեւեր գործածել, մինչ կը գրեմ Ձեզ։

Մեր վաղեմի և հաստատ բարեկամութիւնը իրա-

ւամբ չհաճիր ատոր։ Սակայն կը փափաքիմ ըսել թէ հեռաւորութիւնը զիս շատ կը տխրեցնէ։

Գործերս կ'արգիլեն զիս հեռու մնալ տակաւին իմ ծննդավայր քաղքէս։ Առաջին անգամ է որ հեռու կ'անցունեմ Նոր տարուոյ այս օրն, հեռու Ձենէ, հեռու իմ բոլոր բարեկամներէս։ Ուստի բարեմաղթութիւններս կը ծրարեմ թղթիս մէջ և կը մաղթեմ Ձեզ երջանկութիւն։

[Թուական] Ձերդ

* * *

---

12. Պաշտպանի մը ուղղուած։

Տէ՛ր,

Ներուի ինծի որ համարձակիմ մատուցանել սքանչացումս Ձեր այնքան ձիրքերուն համար։ Ձեր ազնիւ պաշտպանութիւնը զիս կը յուզէ մեծապէս։

Ահա նոր տարին և ես ամբողջ խանդով կը ձօնեմ բիւր օրհնութիւններ Ձեր չքնաղ կեանքին, թող բարի Աստուծոյ հրեշտակը կարկառէ Ձեր շրթներուն՝ երկայնակեցութեան բաժակը, որովհետև դուք որքան ապրիք, այնքան կ'երջանկացնէք շատեր Ձեր բարիքներով։

[Թուական] Յաւէտ երախտապարտ Ձերդ

* * *

---

13. Նամակ ընկերուհիի մը իր ընկերուհիին ուղղուած։

Սիրունի՛կս,

Ի՞նչ գրեմ, չգիտեմ, քե՛զի՝ որուն կը թափին միշտ զգացումներս. շատ սովորակա՛ն՝ է գրչիս ըսել թէ կը սիրեմ զքեզ։ Սիրտս առով չգոհանար։ Կը պաշտեմ զքեզ. այս բացատրութիւնն ալ կամաց կամաց կը հինայ. ուրիշ հրեղէն ոճ մը կ'ուզեմ. բառեր չեմ ուզեր, այլ կայծեր, որոնց փառաբանն է սիրտս, բայց թղթի մէջ չեն կրնար ծրարուիլ անոնք։ Ինչո՞ւ հեռու ըլլամ քենէ. հեռու ըլլալ ինծի համար տանջանք մ'է։

Հաւատա՛, Յո՛յս իմ, սիրտս ամբողջ գրուած ես դու։ Բիւրիցս կը գրկեմ զքեզ եւ կ'աղաչեմ որ նամակներդ առէջ ուղղես. ի՛նչ փոյթ, ընդունէ՛ քեզ երկարաբան ոճն եւ ես յափշտակութեամբ պիտի կարդամ ինչ ալ գրես։

Նոր տարւոյ բարեմաղթութիւններով՝

Յոյէ

[Թուական]

*
* *

---

14. Մօր մը անուան տօնը շնորհաւորելու նամակ որդւոյ մը կողմէ։

Ամենասիրելի՛ մայրիկս,

Մի՛ հարցըներ սրտիս թէ ինչո՞ւ կը բաբախէ այս պահուն. ուրախութիւն մըն է որ քնարի մը պէս ձայն կը թրթռացնէ։ Ո՜հ, ո՜րչափ երջանիկ եմ այս վայրկեանին. կարծես թէ հոգիիս մէջէն երգեր կը լըսեմ, որոնք սիրելի անուն մը կ'երգեն, անո՜ւն մը՝ որ մեր տան մէջ ուրախութիւն կը տարածէ, նոր նոր երջանկութիւն կը սփռէ։ Ուրեմն ինչո՞ւ ես ալ այդ անունին չնուիրեմ իմ մանկական թոթովանքս, հիացումս և սէրս։

Քո՜ւնդ է այդ անուն, ո՜վ սիրելի մայրիկս, անոր տարեդարձն է որ ինձ ուրախութիւն կը պատճառէ, և ես որչափ ալ փափաքիմ շնորհաւորութիւններ ընել, խօսքիս տկարութեան վրայ ցաւած կը յուզուիմ, համրի մը նման՝ որ միայն անիմաստ ձայներ կը հանէ և չկրնալով իր զգացածին լեզու տալ, կը տանջուի ու կուլայ։ Սակայն եթէ լեզուս կը լռէ, բայց արդէն սիրտս մաղթանքներու հեղեղ մը կը պոռթկայ սիրելի անուանդ այս տարեդարձին առթիւ։ Ապրիս դուն, ապրիս ուրախ ու զուարթ և մեր տան ըլլայ դրախտ մը՝ ուր երջանիկներ բնակին յաւիտեան։

Ատոնք են անկեղծ և սրտագին բարեմաղթութիւններս քեզ ընծայուած, ո՜վ սիրելի մայրիկս, անուանդ այս տարեդարձին առթիւ՝ ուրկէ կը ցաւիմ որ բացակայ եմ այս տարի։

Միշտ հնազանդ և երախտագէտ որդիդ

[Թուական]

* * *

15. Աղջկան մը նամակը իր հանիին։

Սիրելի՛ մեծ Մայրս,

Արտասուեցիր դուն և ես բաժնուեցայ. գացի դպրոց։ Այն առտուն զգացած վիշտս նուաղ էր, երկար ուղևորութեան մը հեռանկարը, մեծ քաղաք մը տեսնելու գաղափարը, նորագոյն մտերմուհիներ գտնելու յոյսը, այս ամէնը կը չափաւորէր տխրութիւնս։ Մինչ դուն կը հառաչէիր, ես մտքովս իբրև թռչուն կը թռչէի։

Եւ այսպէս մեկնեցայ, և գրեթէ ժամուն, կամովին ծածկուեցայ կրթարանին մէջ։ Հոս քանիցս կը յիշեմ մանկութեանս նուիրած խնամքներդ, և ի՜նչ ուրախութեամբ կը նայիմ դէպի անցեալին։ Կը լսեմ կարծես ձայնդ՝ որ հօրմէս ներում կը խնդրէ մէկ յանցանքիս համար և միևնոյն ժամանակ քաղցր խրատներ կուտայ։ Ո՛չ, չեմ մոռնար երբեք, ո՛չ անքնութիւններդ անկողնոյս սնարին, երբ ես հիւանդ եղած եմ, ոչ այն գիշերները, երբ ինծի համար բարեձև շրջազգեստ մը կը պատրաստէիր, ո՛չ այն ամէն խնամքներդ՝ որ քեզ կը պատճառէին այնքան յոգնութիւն և նեղութիւն։

Այն առտուն կարող չէի սիրոյդ մեծութիւնը հասկընալ. բայց այսօր կ'զգամ զայն, և այս պահուն մինչ ամէն ոք կը բերկրի. կը մտածեմ քու վրադ, սիրելի՛ մեծ մայրս, և երախտագիտութեամբ լի շնորհակալութիւն կը մատուցանեմ Աստուծոյ և կ'աղօթեմ անոր՝ որ պարգևէ քեզ խաղաղիկ անվիշտ օրեր։

[Թուական]

* * *

16. Նամակ Տիկին Սեվինեի... կոմսին ուղղուած։

Շնորհաւոր նոր տարի, սիրելի՛դ իմ կոմս, թող այս տարին անցեալ տարիներէն աւելի բարեբաստիկ ըլլայ Ձեզ. Թող Ձեր վայելքներն ըլլան անդորրութիւն, հանգիստ և առողջութիւն, վերջապէս թող Ձեր օրերն այսուհետև հիւսուին իբրև ոստայն ոսկեթել և մետաքսեայ։

(Թարգմ.)

---

17. Նամակ աղջկան մը իր հօր ուղղուած

Սիրելի՛ մայրիկ, ընկերուհեացս հետ նոր տարւոյ առթիւ այցելեցի այս տան պատկառելի հիմնադիր Տիկնոջ։ Պատշաճութիւնն և երախտագիտութիւնն իր քով առաջնորդեցին զմեզ։ Զգացում մը աւելի զօրաւոր և աւելի տեւական, վասն զի կենացս հետ պիտի վերջանայ միայն, զիս Ձեր քով կը բերէ, սիրելի՛ և բարի մայրիկ։ Ձեզ կը մաղթեմ առողջութիւն, Ձեզ կը մաղթեմ երջանկագոյն օրեր, կը մաղթեմ ամէն ինչ որ Ձեզ փափաքելի է. վերջապէս կը մաղթեմ Ձեզ այնչափ տարիներ, ո՛րչափ այսօր կ՚սպառին չաքարներ։ Անկեղծ ճշմարտութեան միայն յարգանք կը մատուցանեմ, հաւատալով Ձեզ, թէ կը սիրեմ զՁեզ, կը պաշտեմ զՁեզ, թէ ինձ համար երջանկութիւն չիկայ առանց Ձերինին. առանձնութեան ձանձրութիւններուն և հեռաւորութեան կը հանդուրժեմ միայն, որ իմ անձս Ձեզ արժանի կացուցանեմ, և օր մը աղջկանց ամէնէն երախտագէտը, պատկառոտը և խանդակաթը իբրև Ձեր բարեկամուհին գտնէք զիս։

(Թարգմ.)

18. Հօր մը անուան տօնը շնորհաւորել։

Սիրելի՛ հայր իմ,

Քեզ՝ որուն սրտէն բղխին միշտ ինձ անհուն բարիքներ, քեզ՝ որ կը պարգեւես քուկիններուդ յաւիտեան սիրոյդ գանձերը, քեզ՝ որ զիս քու քաղցր արեւովդ սնած ծաղկի մը պէս կը խնամես իբրեւ ժիր պարտիզպան, քեզ կ'ուղղեմ այս մի քանի տողերս, երջանկութեան մաղթանքներով լեցուն։

Հա՛յր իմ, սիրելի անուանդ այս տարեդարձին առթիւ շատ քիչ է ինչ որ գրեմ։ Ի զո՜ւր միտքս կը տանջեմ, անուշ խօսքերով հիւսելու այս երկտողս։ Թէեւ չունենամ այդ հանճարը, բայց ես գոհ եմ որ փոխանակ բանաստեղծութիւն նուիրելու քեզ, սէ՛րս կը նուիրեմ. ահա միակ հարստութիւնս, միակ բաղձանքս։

Հա՛յր իմ, իբրեւ ամէն բարի հայրերու օրինակ ապրիս երկար եւ երջանիկ. անով քուկիններուդ ուրախութիւն ալ պիտի ըլլայ անվերջ։

Կրկնելով սրտագին եւ անկեղծ շնորհաւորութիւններս՝ կը համբուրեմ պատուական ձեռքերդ։

Միշտ երախտագէտ որդիդ

[*Թուական*] * * *

19. *Հօր մը անուան տօնի ուղերձ (ոտանաւոր)*

Ո՜ հայր, դեռ թաց արշալոյսի արցունքով
Կ'ուզեմ շարել թարմ ծաղիկներ քովէ քով,
Ու այդ փունջն՝ անհուն սիրոյս նշան ցոյց տալ քեզ,
Սակայն խորհիմ, թերթերն խամրին փութապէս։

Ա՜հ, սլանայի իցի՜ւ երկինքն դէպ ի վեր,
Իբր ամպին վրայ հանգչող արծիւ անվեհեր,
Սիրուն ճակտիդ կազմել պըսակ բոցեղէն.
Սակայն չէ՞ որ մարին լոյսերն այդ ամէն:

Կամ թռչէի իբրեւ թռչուն երգեցիկ,
Որ բնութեան երգիչն է շատ գեղեցիկ.
Հա՜յր, քեզ համար յօրինելու երգ սիրուն,
Սակայն ո՜չ, ո՜չ, անբան երգիչ մ'է թռչուն:

Ա՜հ, քեզ համար ծաղկի նըման վաղանցուկ
Չէ բնաւ սէրըս, հոսի աչքէս միշտ արցունք,
Եւ կը դիւթեն սիրտս չքնաղ քու ձիրքեր.
Անբիծ հոգւոյս մէջ կը փայլի քու պատկեր։

Եւ ես կ'ուզեմ միշտ ներբողել քու անուն,
Արտանց մաղթել քեզ շատ բարիք, մեծութիւն,
Կ'ուզեմ, կ'ուզեմ քու կեանքդ միայն եւ քու սէր։
Թող կեանքիդ ճրագ՝ անշէջ պահէն վառ լոյսեր։

20. *Նոր տարւոյ ուղերձ փոքրիկ մանկան մը կողմէ ծնողքին (ոտանաւոր)*

Իբրեւ թեթեւ թիթեռնիկ
Կամ ինչպէս զըւարթ մէկ թռչնիկ
Թռչէի ձեր մօտ միայն,
Ո՛վ իմ ծընողքս աննըման:

Ձեր սէրը յոկ յուզէ զիս,
Ձեզմով բերկրի միշտ հոգիս,
Եւ մեր տունն է իմ դըրախտ՝
Ուր սոսկ ըլլամ բարեբախտ:

Այսօր ահա նոր տարի,
Թող այն տայ մեզ շատ բարի.
Կեանքն երջանիկ եւ զըւարթ,
Չունենանք փուշ, քաղենք վարդ:

Լըսէ՛ աղերսս, ո՛վ Աստուած,
Որ սուրբ սրտէ մ'է բղխած.
Օրհնէ՛ մեր տուն յաւիտեան,
Ըրէ՛ զայն տուն քաղցրութեան:

Ուր միշտ տեսնեմ ձեզի բերկրիմ,
Ո՛վ բարեգութ ծընողք իմ.
Տաս տարիներ դուք ուրախ
Ապրիք մեր տան մէջ խաղաղ:

Սիրտս լեցուն է կարօտով, սիրով,
Ի՛նչ փոյթ թէ հեռու ըլլաս դուն ինձմէ,
Ի՛նչ փոյթ թէ տարին սահի օրուան պէս,
Անբաժան ես միշտ դու իմ հոգիէս:

Զիւնաձոյր ձմրան ցուրտին մէջ՝ երէկ
Մեռաւ Հին Տարին, անդարձ յաւիտեան։
Այսօր կը ծնի Տարի մ'այլ նորէկ.
Ցնծուն բերկրանօք ամբողջ մարդկութեան։

Նոր Տարուան հետ կը վերածնին յար
Ձեր մաղթանքներս ու սէ՛րս Ձեզ համար։

Կ. Ց. ԳԱՐԱԿԻԽԼԵԱՆ

---

20. Մօրեղբօր մը անուան տօնը շնորհաւորել

Սիրելի՛ մօրեղբայրս,

Անուանդ՝ զոր շատ սիրելի ըրած ես ինչպէս ինծ, նոյնպէս շատերու, շնորհիւ այնքան չքնաղ ձիրքերուդ, կը փութամ տարեդարձը շնորհաւորել առ ու բիւր երջանկութիւններ մաղթել Ձեզ։ Ինչ որ գրեմ, կզգամ թէ շատ տկար տողեր կուգան գրչիս տակ. այնչափ մեծ է միշտ հիացումս և սէրս Ձեր մասին։ Իցի՛ւ Ձեր օգտակար կեանքը սանի յաւէտ յաջողութիւններով պսակուած և Ձեր տուն երկնային օրհնութիւններու բոյրերովը լցուած։

Սիրելի՛ մօրեղբայրս, երախտապարտ եմ Ձեզ։ Ուստի պէտք չէ ուզեմ Ձեզ պարզ և սովորական մաղթանքներ, այլ անկեղծ սիրոյս պարտքը լրիւ հատուցանեմ։ Ո՛հ, իմ երազս է տեսնել Ձեր կեանքը երկար և երջանկութիւններով լեցուն, ինչ որ ինծ համար անսպառ ուրախութիւն է։

Համբուրելով Ձեր պատուական ձեռքերը՝

Մնամ Ձեր հնազանդ քեռորդին

[*Թուական*]

* * *

ԸՆԴԼԱՅՆԵԼԻ ՆԻՒԹԵՐ

1. Նոր տարի մաղթել կնքահօր մը. *Նոր տարի մաղթեցէք. յայտնեցէք ձեր սէրը. — Ձեր ընտանեաց վրայով լուրեր հաղորդեցէք։ — Վերջաբան։*

2. Մատաղ դուստր մը իր հանիին. *Մատաղ աղջիկ մը իր Նոր տարւոյ բարեմաղթութիւնները կ'ուղղէ իր հանիին. — Նա տարիէ մը ի վեր հանիէն բաժնուած է. — Անցեալ կեանքի յիշատակներ։ Այս աղջիկը՝ որ մայր չունի, հանիին խնամքները վայելած է։*

Մեր հօրը. — *Մեր հայրը ուղեւորութեան մէջ է, կը շնորհաւորենք անոր անուան տարեդարձը, եւ կ'ըսենք թէ այս տարի իր անուան տօնախմբութիւնը մեզի ուրախութիւն չպատճառեր, որովհետեւ ան հեռի է։ Բաղձանքներ մեր հօր վերադարձին համար։*

4. Պատասխան նոր տարւոյ բարեմաղթութեանց. *Դժուար է ինծ պատասխանել սիրուն բարեմաղթութեանց։ Նոր տարւոյ այս ձեւերը այնքան կը կրկնուին, որ մարդ կ'ուզէ զանոնք բոլորովին փոփոխել, բայց ինծ համար դարձեալ քաղցր է երջանկութիւն մաղթել անոր՝ որուն կը պատասխանեմ։*

5. — Որբուհի մը իր մօրաքրոջը՝ որ զինք մեծցուցած է. — *Անուան շնորհաւորութիւն. — Կը ցաւի որ անցեալ տարուան պէս իր խղճերը չկրնար յայտնել կենդանի բարբառով. — Փոքրիկ աղջիկը միշտ հլու չէ եղած. — Այս տարեդարձին առթիւ կ'որոշէ հնազանդ ըլլալ. — Երկաթուղւոյ միջոցաւ նուէր մը կը ղրկէ. — Արծակուրդի ատեն աւելի մեծ անակնկալ մը պահած է.*

ԳԼՈՒԽ Բ.

ՇՆՈՐՀԱԿԱԼՈՒԹԵԱՆՑ, ՇՆՈՐՀԱՒՈՐՈՒԹԵԱՆՑ, ՑԱՒԱԿՑՈՒԹԵԱՆՑ. ՅԱՆՁՆԱՐԱՐՈՒԹԵԱՆՑ ՆԱՄԱԿՆԵՐ

Դիտողութիւն. — *Շնորհակալութեան նամակներու ոճին գլխաւոր հիմն է ընդհանրապէս մատուցուած ծառայութեանց համար երախտագիտութիւն յայտնել. ուստի այս զգացումը պէտք է արտայայտուի թէ՛ անկեղծութեամբ եւ թէ փափկութեամբ։*

Սակայն, կ'ըսեմ, աստիճաններ եւ սահմաններ կան, զորս պէտք է ճարտար կերպով պահել։ Անկարելի է հոս որոշ սահմաններ տալ թէ ո՛ր պարագաներուն մէջ ի՛նչ ոճ պէտք է գործածել. այս մասին սիրտն եւ ողջմտութիւնը կրնան առաջնորդ ըլլալ՝ սակայն չմոռնանք ըսելու թէ ընդհանուր առմամբ շնորհակալութիւն յայտնելու համար հարկ է ստորին ոճէ խոյս տալ, իր արժանապատուութիւնը չը կորսնցնել. եւ մանաւանդ իր ասացուածքը մատուցուած ծառայութեան տեսակին համեմատել։ Ոճ մը, այս տեսակէտով, կատարեալ եւ հրապուրիչ կ'ըլլայ, երբ երախտագիտութիւնը յայտնուի առանց շողոքորթութեան, եւ նրբամտութիւնը զուարթութիւն մը տայ այս տեսակ նամակներու՝ որոնք ի բնէ բաւական չոր կ'ըլլան։ Անտարակոյս պէտք է շնորհակալ ըլլալ զմեզ երախտապարտ ընող անձանց, բայց նաեւ պէտք է զգոյշ մնալ, որ փոխանակ անոնց հաճոյք պատճառելու, անոնց աւելի ձանձրոյթ չպատճառենք։

1. Բարերարի մը։

Մեծանո՛ւն Տէր,

Դժուարին է ինծի գտնել այնպիսի բառեր՝ որոնք յայտնեն երախտագիտութեանս խորին զգացումները Ձեր նոր բարեգործութեան համար՝ որով հաճեցաք զիս պատուել։ Դուք իմ գերաղանց խնամակալն էք, վասն զի ամէն դժբաղդ պարագայի մէջ ինծի ձեռք կը կարկառէք։ Յիրաւի Դուք իմ երախտագէտ սրտին համար այն էք, ինչ որ արեւուն լոյսը այն նաւաստիին՝ որ մրրկէն է ազատած։

Գոհութի՛ւն երկնից, վասն զի ամէն դժբաղդութեանցս մէջ զՁեզ ունիմ, ամէն առթիւ կը սիրեմ պաղատագին նայուածքս Ձեզ ուղղել, մեծահոգի բարերարիդ, որուն քով թշուառութիւնը սփոփանք կը գտնէ։

Տէ՛ր, իցի՛ւ երախտաւորիդ կեանք յաւէտ թռչի հզօր թռիչներով դէպի նոր նոր երջանկութիւն, Ձեր տուն և գերդաստան փայլի աւելի պայծառ, և Դուք Ձեր սիրելիներով շրջապատուած՝ կարող ըլլաք միշտ այսպէս Ձեր բարիքներով ուրախացնել շատեր, ըստ որում այդ է միայն Ձեր սրտին պէտքը, Ձեր քաղցր հաճոյքը։

Խորին մեծարանօք առ Ձեզ

Ամենախոնարհ և ամենահնազանդ ծառայ

[Թուական]

***

2. Դաստիարակի մը։

Ազնի՛ւ դաստիարակս,

Այս պահուն երբ շնորհակալութեան մրմունջներ կ'արձակեմ, մտքով կը շրջիմ այն երջանիկ ժամանակներուն մէջ, մինչ Ձեր ազնուութիւնը, դաստիարակ անունին գերազանցապէս արժանի՝ օգտակար դասեր կ'աւանդէիք։ Չէի զգար այն ատեն մեծութիւնն այն գործոյն՝ որուն նուիրուած էր Ձեր կեանքն, այլ կ'ուրախանայի միայն զի երկինք ինձ պարգեւած է դաստիարակներուն ամենէն պատուականը, գորովալիցն, որ իր պաշտօնի մեծութեան հաւասար ունի հոգւոյ մեծութիւն։

Տէ՛ր, յաւիտեան չպիտի մոռնամ Ձեր երախտիքն. ես ծնողական բունին վրայ աճած ակար ոստ մ'էի, Դուք, յաջողա՛կ պարտիզպան, ամէն խնամք նուիրելով պտղալից բարունակ մը ըրիք զիս։

Յիշողութիւնս հաւատարմաբար կը պահէ ձեր խօսքեր՝ զորս աննախանձաբար կ'ուղղէիք ինձ, բարոյական այն պատգամները, սկզբունքներ՝ զորս կը սերմանէիք հոգւոյս մէջ և կը բանադատէիք ինձ ունենալ մտքի և սրտի ազնուականութիւն։ Մանկական հասակի յիշատակները դիւրաւ կը ջնջուին, բայց Ձեր յիշատակները ատոնցմէ չեն. անջինջ են անոնք, այսօր և յաւիտեան։

Ինչո՞ւ. — որովհետև Ձեր դասախօսութիւնները, հայրական սիրտն անհնար է որ մոռացութեան մատնուին։ Իսկ ես, սիրելի՛ դաստիարակս, պիտի ջանամ Ձեր խրատներուն արժանի ըլլալ, պատուաւոր գիրք մը շահիլ ընկերութեան մէջ, որով այն ատեն մանաւանդ պիտի համարձակիմ կոչուելու.

Ձեր երախտագէտ սանը

[Թուական] ****

---

3. Գրագէտի մը ուղղեալ՝ անոր գրական գործունէութեան մասին շնորհակալութիւն։

Տէ՛ր,

Ներուի ինձ համարձակութիւնս՝ որով կուգամ յայտնել Ձեզ տածած բուռն համակրանքս։ Յիրաւի Ձեր գրիչն մոգական բան մը ունի իր մէջ՝ որով կը դիւթէք զմեզ, անզգալաբար կը հրահանգէք զաշխարհ։

Երբ կը կարդամ Ձեր նրբիմաստ հրապարակախօսի գրութիւնները, կը յափշտակուիմ, և կը մտածեմ թէ Ձեր ազնուութիւնը անշուշտ այն մեծ մարդոց սերունդէն սերած է՝ որոնք ժամանակ ժամանակ կը յայտնուին հոս և հոն ճշմարտութիւններ քարոզելու։

Իցի՜ւ երկար տարիներ կատարէք Ձեր հանրօգուտ դերն, որ որչափ ալ շինիչ և բարոյացուցիչ է, սակայն աւա՜ղ, ապերախտ է մեր մէջ։

Բայց Դուք չնայելով ամէն արգելքներու՝ կը դիմէք Ձեր սուրբ նպատակին, նուիրելով Ձեր անձը հանրութեան մտաւորական և բարոյական զարգացման, կ'արժանանաք ընդունելու փառքի պսակը։

[Թուական] ****

---

4. Եղբօր մը ամուսնութիւնը շնորհաւորել։

Սիրելի՛ եղբայր իմ,

Ամենաբուռն խանդով կը փութամ շնորհաւորել երջանիկ ամուսնութիւնդ և մաղթել նորակազմ ամոլդ այն ամէն բարիքները, ինչ որ կ'զգայ եղբօր մը սիրտը։ Սուրբ օրհներգութիւններով հիւսուած Ձեր պսակը ի-ցի՜ւ յաւէտ բոլորեն երանութեան մշտաթարմ ծաղիկներ, ծաղիկնե՜ր կարծես երկնային դրախտէ քաղուած։

Եւ բարի կեանքին այս չէ՞ արժանի վարձքը, այն կեանքին՝ որուն ի տղայ տիոց նշանաբանը կ'ըլլայ հաստատուն առաքինութիւնը, որուն միակ իտէալը չքնաղ ձիրքերով զարդարուիլն է։ Այսպէս է և քուկդ, սիրելի՛ եղբայր իմ, ուրեմն ես իրաւունք ունիմ հաւատալու թէ այս նոր կեանքիդ մէջ ալ պիտի տեսնես իղձերուդ պսակումը, յոյսերուդ իրականացումը։

Ուրախ եմ որ շնորհալի անբաժան կենակից մը պիտի կրնայ երջանկութեան երազդ իրականացնել և տալ քեզ սուրբ վայելքները ճաշակել։ Աստուած Ձեր տունը օրհնէ և իր հովանին ըլլայ Ձեր առաջնորդը կեանքի դժուարին ճամբուն վրայ։

Համբուրելով Ձեր երկուքին ալ նորապսակ ճակատները՝ մնամ միշտ Ձեր երջանկութեան բարեմաղթու

***

5. Հարսանեկան շնորհաւորագիր:

Ազնուաշո՛ւք Տէր և Տիկին,

Ձեր շնորհաշուք դստեր հարսանեաց հրաւիրագիրն պատիւ ունեցայ ընդունիլ։

Շնորհակալութի՜ւն այն պատւոյն համար՝ որով հաճած էք և զիս խնդակից ընել Ձեզ։ Եղո՛ւկ, զի հարկեցուցի՛չ պարագայ մը հեռու կը պահէ զիս այդ շքեղ հանդէսէն։

Արդ ի հեռուստ կը խառնեմ տկար ձայնս հանդիսականացդ զուարթ ձայներուն հետ, մաղթանքս՝ անոնց մաղթանքին, հոգիս՝ անոնց հոգիին, հայցելով երջանկաւոր կեանք մը այս նորապսակ ամուսիններուն համար։

Ահա նոր յարկ մը ևս կը բարձրանայ նման այն բոյնին՝ զոր գրաւիչ երգերով կը դնէ ծիծեռնը գարնան ծաղիկներու, սիւքերու, շողի ու շուքի մէջ. անոր լուսեղէն սեմին վրայ կը կանգնի կոյսն անկամարդ, շնորհալից, ամօթխած. իր տկարութեան մէջ հզօր, իր երկչոտութեան մէջ դիւցազնուհի մը, իր սրբութեամբ տունը տաճարի պէս փոխէ և կամ դրախտի մը՝ ուր կը փթթի ծաղիկն, ուր կը փայլի ճաճանչն, ուր կը շողայ և սէրն։

Եւ կա՞յ միթէ աշխարհի մէջ աւելի հմայիչ բան մը անկէ աւելի, երբ օր մը զիրար կը գտնեն երկու էակներ, և մէկմէկէ անբաժան մնալ կ՚ուխտեն։ Երեկուան անձանօթներ, որոնք այսօր բարեկամ բարեկամուհի կ՚ըլլան, նոյնիսկ եղբայր և քոյր, և իրարու հետ կը բաժնեն իրենց հաճոյքն ու ցաւն, իրենց ժպիտն ու արցունք, ամէն տենչեր, ամէն յոյսեր, ամէն երազ-ներ։

Այսպէս ահա Ձեր դուստրն ալ կը միանայ օժտեալ երիտասարդի մը հետ։ Իցի՛ւ այդ երջանիկ զոյգը գըտ-նէ՛ յաւէտ ամէն բարօրութիւն․ անոնց ծաղկապսակ ներկային յաջորդէ պտղալից ապագայ։

Ահա այս է մաղթանք Ձեր մտերմին։

[Թուական]

* * *

Ե․ Քրոջ մը կողմէ իր քրոջը ամուսնութիւնը շնորհաւորել:

Քաղցրի՛կ քոյր իմ,

Վերը, անհուն կապոյտին մէջ թռչող թռչունին թեւերն ունենայի, հասնելու համար քու տունէդ, ո՛վ քոյր իմ, որ ահա կը հեռանաս մեր գիւղէն։ Բայց ուր որ ալ ըլլաս, գիտցի՛ր թէ պիտի թռչին մեր սրտագին մաղթանքները, ու ականջներդ երկար տունեն բիւր բիւր ձայներու մէջէն քուկիններուդ ձայնը պիտի լսեն, քու երջանկութեանդ երգերով թրթռացող անոնց շրթներուն վրայէն։

Ո՜հ քաղցրի՛կ քոյր իմ, մինչ կը հեռանաս, գի-տե՞ս, գիտե՞ս արդեօք թէ ի՛նչ պարապութիւն կը բացուի հոս այս մեր ընտանեկան դրախտին մէջ քու մեկնումովդ։

Թէեւ հեռու հեռու, բայց երազներու մէջ պայծառ հրաշալի ոգիներու պէս, անուշ տպաւորութիւն մը *պիտի կաթեցնես միշտ մեր կեանքի բաժակին մէջ. բարի հրեշտակին պէս զոր մեր աղօթքներուն մէջ կը տեսնենք, քեզ ալ այնպէս մեր մտքը պիտի կարծենք ու ժպիտներով պիտի ողջունենք քեզ:*

Կարելի չէ կասեցնել ընթացքդ դէպի այն լուսաւոր ճամբան՝ ուրկէ կ՚անցնիս վարդեր կոխոտելով թեւ թեւի տուած այն ազնիւ երիտասարդին հետ՝ որ քու առաջնորդդ է, Տուբիթի պահապան հրեշտակին պէս քու քայլերուդ հսկող, քու ուրախութիւններուդ ընկեր անբաժան: Ուրեմն թող բարին Աստուած վերէն շնորհէ Ձեզ իր մեծ պարգեւը, երջանկութիւնը, վարձքը Ձեր ազնիւ կեանքին, մրցանակը Ձեր առաքինութեան:

Ահա սրտագին մաղթանքս, անկեղծ սրտիս անկեղծ շնորհաւորութիւնը քեզ, ո՛վ քոյր իմ քաղցրիկ:

Միշտ քուկդ

[Թուական]

* * *

---

8. Մանկան մը ծննդեան առթիւ շնորհաւորական նամակ:

Տէ՛ր,

Ո՛րչափ կը բերկրիմ այս պահուն, մինչ աստուածային շնորհք կը ղեղու Ձեր տան մէջ, մինչ նորածին մը կարծես լուսափթիթ ամպոյ կողերէն փրթած ճառագայթ մը կ՚ողողէ Ձեր տուն ուրախութեամբ, կը բերէ Ձեզ երջանիկ հանդէս, որ լցի՛ւ սկիզբ ըլլար շատ մը երջանկաւէտ տարիներու։ Ցարդ այս մանկիկ հրեշտակ մ'էր, երկնքէ երկինք թռչտող, այժմ որդի կ'ըլլայ Ձեզ, ցարդ ծաղիկ մ'էր երկնային դրախտին, այժմ կը ծլի Ձեր բուրաստանին մէջ՝ քաղցրիկ բոյրերով և շնորհագեղ տեսքով։ Եւ հիմայ մտքով կը մտնեմ այս երախայի փառաւոր ապագայի մէջ, կը տեսնեմ աճած հասակով և իմաստութեամբ. ամենքն երանի՜ կուտան իր ծնողքին, մինչ փառքով պսակուած կ'երեւի աշխարհի առջև. իր պայծառ ճակատը կը թրջուի բարի հօր և մօր սիրակաթ համբոյրներով և առաքինութիւնը կը վարձատրէ զայն անմահ դափնիներով։

Այո՛, դեռ փոքրիկ և տկար է, բայց այդ քնքուշ մարմնոյ մէջ մեծ հոգի մը կը բնակի, և սրտիկը կը բաբախէ սրբութեան և անմեղութեան համար։

Արդ անոր և Ձեզ միշտ երջանկութիւններ մաղթելով՝ Եմ

[Թուական] Ձեր խոնարհ ծառայ.

* * *

---

9. Շնորհաւորական նամակ մեծ հօր նուիրուած։

Ամենասիրելի՛ մեծ հայր իմ,

Չունիմ տարբեր բան յայտնելու Ձեզ, այլ ինչ որ յաճախ, գրեթէ ամէն ժամ կ'զգամ, ինչ որ միտքս մէկ մի վայրկեան կը մտածէ, այսինքն Ձեզ նկատմամբ սէր և երախտագիտութիւն։

Ինձ համար տարւոյն ամէն օրն ալ Ձեր անուան

տօնի օրն է, վասնզի ամէն օր, ամէն ժամ Ձեզմով կ'ուրախանամ. Ձեր անունով կը բաբախէ սիրտս։

Ուրախութիւն է ինծի ունենալ մեծ հայր մը, մեր գերդաստանի փառքն։

Մայրս շատ անգամներ ինծի խօսած է Ձեր ձիրքերուն մասին. ո՜հ, ի՜նչ բերկրութիւն ինծի, եթէ ունենամ Ձեր սրտի բարութենէն կայծ մը, Ձեր ազնուութենէն ճառագայթ մը

Իցի՜ւ կարենայի աւելի հրապուրիչ ոճով բացատրել զգացումներս. դեռ խօսելու անփորձ երախայ մըն եմ կարծես. նա՝ որ միայն իր տպաւորութիւնները արցունքով կամ ժպիտով կը յայտնէ։ Կ'ուզեմ խօսիլ, բայց գաղափարներս թարգմանող բառեր ինծի կը պակսին։

Սակայն Ձեր ներողամտութեամբ քաջալերուած այս մի քանի տողերով կը յայտնեմ Ձեզ ջերմագին բարեմաղթութիւններս։

Հաւատացէ՛ք, սիրելի մեծ հայրս, Ձեր նկատմամբ տածած զգացումներուս անկեղծութեան և անվերջ սիրոյս՝ և ընդունեցէ՛ք կ'աղաչեմ, զիս՝

[Թուական] Ձեր շնորհապարտ դուստր

*
* *

---

10. Շնորհաւորութիւններ բարեկամուհիի մը ուղղուած։

Սիրելի՛դ իմ Գոհար։

Կը յիշե՞ս այն օրն, երբ ի միասին կը շրջէինք Պէօյիւքտէրէի քարափներուն վրայ, տեսանք ծերունի մը՝ որ մեզմէ ողորմութիւն խնդրեց։ Հէքն բոկոտն էր, աժգոյն, ողորմուկ և վատակազմ։ Աւա՜ղ, մեր նը-պաստն ի՞նչպէս կարող էր սփոփել թշուառին այնքան տառապանքն։ Տխրութեամբ կը դիտէիր ծերունիին հե-ռանալը, և պարապ քսակդ ինձ ցոյց տալով, կը ցա-ւէիր որ չես կրնար աւելի սփոփել թշուառներն։

Այն ատեն արտասուալից էին աչերդ և սեղմելով ձեռքս, լաւ կը յիշեմ թէ այսպէս ըսիր. «Ա՜հ, ի՞նչու հարուստ չեմ»։

Անշուշտ բարերար ոգի մը լսեց քու ձայնդ, եր-կինք պսակեց իղձերդ, որովհետև դու այսօր հարուստ ես դեռ նոր ստացած ժառանգութիւնովդ։

Ասով կը շնորհաւորեմ քաղաքիդ աղքատները, զորս երջանկացնելու ամէն դիւրութիւններով օժտուած ես հիմայ։ Շատեր պիտի օրհնեն քեզ. ի՜նչ փոյթ թէ երախտիք ապերախտներու պատահին։

Շնորհակալութի՜ւն, սիրելի մտերմուհիդ իմ, վա-սըն զի հաճած ես առաջին առթիւ տեղեկացնել ինձ քու երջանկութիւնդ։

[Թուական] * * *

---

11. Շնորհակալութիւն ընկերուհիի մը կողմէ իր ընկերուհիին։

Քաղցրի՛կդ իմ,

Դու ես ականատես եղար այն ցնծութեան, երբ դպրոցէս հրաժարեցայ։

Արդար՝ շատ երջանիկ էի, վասն զի նորէն պիտի տեսնէի ծնողքս, և մեր դաշտերն՝ որոնք գարնան հետ կը գեղեցկանան։ Հրճուանքս կատարեալ էր, վասն զի նորէն պիտի վայելէի ծնողքիս տեսքը։

Նոյնպէս գոհ էի որ վերստին կը գտնէի իմ սպիտակ և բարեյարդար սենեակս, վասն զի ալ չպիտի լուծէի խնդիրներ, չպիտի գրէի շարադրութիւններ, ևլն.։ Այնչափ գոհ էի, որ պահ մը մտածեցի լճակը նետել գրքերս, տետրերս, վերջապէս ամէն բան՝ որ ինծ կը յիշեցնէ դպրոցական կեանքը։

Բայց հիմա այս նախկին եռանդս նուաղած է։ Ո՛հ, կը սիրեմ տակաւ մտածել դպրոցին վրայ, ուսուցչացս վրայ, ընկերուհեացս վրայ՝ որոնց հաճոյքին և վշտերուն մասնակից էի. ընկերուհիներուս՝ զորս գուցէ յաւէտ չտեսնեմ, որովհետև ո՞վ գիտէ թէ ապագան մեզ ու՞ր պիտի տանի։

Երբ այս ամէնը կը յիշեմ՝ հոգիս կը վրդովի։ Կը վայելեմ ծնողքիս տեսքը, բայց կը ցաւիմ կորուստներուս վրայ, և կորուստներս սոսկ են, ուսուցիչներ և ուսուցչուհիներ, ազնիւ ընկերուհիներ, Դուք. վերջապէս այս ամէնը զիս շատ կը խռովէ։

Ի՞նչու կատարելապէս երջանիկ չենք կրնար ըլլալ. Ա՛հ, եթէ հեռաւորութիւնները կը բաժնեն մեզ, Թող մեր նամակները մերթ ընդ մերթ զմեզ իրարու մօտեցնեն, որպէս զի կարելի եղածին չափ կենդանացնենք մեր առաջին տարիներու քաղցրիկ յիշատակները.

Շնորհակալութի՛ւն այն չքնաղ նուէրին համար։ Որով կը յիշեցնես ինծ մշտավառ սէրդ։ Ես կարող չեմ կենդանի բացատրութիւններով յայտնել ինչ որ կ'զգամ քեզ նկատմամբ։

Մնա՛ս բարով, սիրելի՛ մտերմուհիս, դուն ալ հափաքէ՛ ընտանիքին ծոցը վերադառնալուդ, բայց յիշէ՛ թէ երբ դպրոցը թողլով ուրիշ տեղ փնտռես երջանկութիւն, պէտք հրաժարիս նաև շատ մը ուրախութիւններէ, որոնց վրայ սիրտդ ուշ կամ կանուխ պիտի ցաւի։

[Թուական]

* *

12. Կնքամօր մը նամակը իր սանուհիին՝ որ դեռ նոր աւարտած է դպրոցական շրջանը։

Սիրեցեա՛լդ իմ,

Երէկ ընդունեցայ նամակդ՝ որ ինձ մեծ հաճոյք պատճառեց, որովհետև անով հասկցայ թէ գիւղական աշխատութիւններ քեզ չեն մոռցուցած դպրոցը։ Կը վախնայի թէ ուրիշ շատ աղջիկներու նման ըսես. — Ա՜հ, ես ազատուհի՞ մ'եմ, որ խոհանոցի գործեր տեսնեմ, հնձոց վրայ հսկեմ, հաւեր պահեմ։ Ասիկա սխալ մ'է, ուրկէ շատ մը անխուսափելի աղէտներ յառաջ կուգան։ Առանց ծանրանալու այն անհուն գոհունակութեան վրայ, զոր թէ՛ բարւոք ընթերցումներ կը պատճառեն և թէ՛ գրութիւնք՝ որոնցմով մեր մտածումները ուրիշներու կը հաղորդենք, կ'ըսեմ թէ կրթութիւնը մեծ մեծ բարիքներ յառաջ կը բերէ։ Որովհետև դուն դեղջկուհի մ'ես, ժրաջան, համեստ, բարենախանձ ոգի ունիս, հարկ կը համարիմ քեզ շօշափելի օրինակ տալ և ցուցնել թէ կրթութիւնն աղբիւր է երջանկութեան։

Հօրս կալուածներուն մէջ կան երկու բաւական կարեւոր ագարակներ. Մին յանձնուած է Պետրոսի որ կանուխէն ամուսնացաւ Սարինէի հետ, որուն համար կ՚ըսէին թէ թէպէտ չունի հարստութիւն, սակայն իր դասերէն օգտուած է. միւս կալուածն կը յանձնէ Գրիգոր, որուն կինը հարուստ կը կոչուի, որովհետև մեծ հարստութեան մը տիրացած է։

Երկու վարձակալներն ալ հաւասարապէս մնացին, աշխատասէր և պարկեշտ. ուրեմն ինչո՞ւ համար Պետրոս չյառաջդիմեր, մինչ Գրիգոր լաւ դիրքի մէջ է և մտադիր է արդէն փոքրիկ դաշտ մը գնել։ Միոյն բախտն յաջո՞ղ է և միւսին ո՞չ։ Արդեօք կարկուտը և եղեամը միայն կը խնայե՞ն և միւսը կը հարուածե՞ն։ Ո՛չ, բայց Սարինէ, որ գիտէ կարդալ, գրել, հաշուել. կանոնաւորապէս կը բռնէ տետրակներ, առուծախի հաշիւներ, և ոչ ոք կարող է զայն խաբել։ Երբ օր մը ծախքը մուտքէն աւելի ըլլայ, ամէն խնայողութիւն ի գործ կը դնէ որպէսզի հաւասարակշռութիւն պահուի. ամէն ինչ կարգին է հոն, ոչ դրամ կը կորսուի և ոչ շռայլութիւն կ՚ըլլայ։ Մանաւանդ երբ ամուսինն և ծառայք երեկոյին տուն դառնան, օրուան աշխատութիւններէ յոգնած, երիտասարդ վարձակալուհին կը կարդայ անոնց չահագրգիռ և զբօսալից գիրք մը։

Ամէն ոք կ՚ունկնդրէ Սարինէի և ոչ ոք գինետուն կ՚երթայ։ Ասով նա դիւրութիւններ դրած է քաղաքին մէջ վարկ բանալու իր ամուսնոյն համար, և Պետրոս այդ դասէն զրկուած օր աւուր կը բազմացնէ իր հարստութիւնները. ընդհակառակը Գրիգոր որևէ օգուտ մը չքաղեր իր կնոջ գիտութիւններէն, ոչ մէկ դիւրութիւն կը գտնէ իր տան մէջ։

Թէպէտ անոր կինը Սիրարփի մեծ դրամօժիտ բերած է, սակայն օրէ օր կը ծախսուի ան, աղախիններ, ծառաներ կը վարուին իրենց ուզածին պէս։

Երեկոները փոխանակ ընթերցումներ մարդիկ ընելու, կը կանչէ դրացիներ, կ'արբենան, կը խաղան և դրամը կը վատնուի: Ագարակին հասոյթը տարուէ տարի կը նուազի, և վարձակալը նորանոր պարտքեր կ'ունենայ: Ահա թշուառութիւն: Այսպէս կը տեսնես, սիրելի՛դ իմ, մէկ կողմէն տգիտութիւն և աղքատութիւն, և միւս կողմէն գիտութիւն և բարեկեցութիւն:

Աշխատէ՛, աղջիկս, օգտուէ՛ այն դիւրութիւններէն՝ որոնք քեզ ոչ թէ գիտուն մը, այլ ուսեալ մը պիտի հանդիսացնեն: Դպրոցը քեզ սորվեցուցած է կարդալ, գրել, քերականութիւն, հաշիւ. խորհէ անոնց վրայ որ քեզի բաց են, և անոնց՝ զորս դուն աչքերով պիտի տեսնես: Աւելին չեմ պահանջեր: Քեզ իբրև քաջալեր՝ ընթերցման մի քանի գրքեր կը յղեմ: Գրէ՛ ինձ մերթ ընդ մերթ, որպէս զի քու յառաջդիմութեանդ տեղեկանամ:

Շնորհաւորութիւնները դպրոցական շրջանին յաջողապէս աւարտելուդ համար:

[Թուական]

(Թարգմ.)

* * *

13. Հօր անուան տօնի առթիւ աղջկան մը նամակ:

Բազմերա՛խտ հայր,

Ո՛չ, սրտերի մէջ չպիտի նիրհէ յիշատակդ, սուրբ և պաշտելի յիշատակդ, որ կենացս առաջին բոպէէն մանկական խօլ ժպիտներուս ու արցունքներուս մէջէն երևցաւ: Բարւոյն դէմքն էր այն, արդարի դէմք որ օրրանիս վերև ցոլացաւ:

Ո՜վ քաղցրիկ երազ մանկութեանս։

Նորափթիթ կեանքիս ամբողջ աւիւնը և սէրը կը նուիրեմ քեզ. ո՛հ, ամէն ժամ խանդ մը կը հրդեհէ հոգւոյս մէջ, երախտագիտութեան կրակը զիս կը լափէ։

Յաւէտ օրհնութի՜ւն քեզ։

Սիրելի՛ հայր, թէպէտ հեռու, բայց կուգամ ձայնս խառնել անուանդ շնորհալի հանդէսին մասնակցողներու բարեմաղթութիւններուն և կ'աղաչեմ որ ընդունիս ջերմ զգացումներս թանկագին կեանքիդ երջանկութեան համար։

Միշտ

[Թուական] *Ամենահլու դուստրդ*

* * *

---

14 Դաստիարակուհիի մը հրաժեշտին առթիւ իր սանուհեաց շնորհակալութեան նամակն

Շնորհաշո՜ւք Դաստիարակուհի,

Մինչդեռ զուարթ մանկութիւնը ժպիտներ կը շաղէ մեր շրթներուն վրայ, մինչդեռ մեր անտխական կեանքը մեզի ուրախութիւններ կը ներշնչէ, բայց ահա, ի՜նչ փոփոխութիւն, կը մոռնանք այս պահուն այդ ամէնը և յանկարծ տխրութիւն մը մեր նայուածքները կը վարագուրէ։

Ամսէ մը ի վեր մեր խօսակցութեան միակ առարկան Դուք եղաք. ամէն աշակերտուհի արտասանելու չափ յուզուած շեշտով մը սա բառերը միայն կ'արտա-

սանէր․ Մեր դաստիարակուհին կը կորսնցնենք ահա։

Եթէ մեր յոյզերը ներէին, շատ բաներ կ'ուզէինք ձեզ խօսիլ, բայց քաջ գիտնալով միանգամայն թէ Ձեր փափուկ սիրտն ալ արդէն չպիտի տոկար Ձեր աշակերտուհիներու վերջին խօսքերուն, ուստի բաւ կը համարինք լոկ ակնարկ մը նետել Ձեր յիշատակներուն վրայ։

Դուք, ո՛վ սիրելիդ մեր, մեր երէց քոյրն, մեր կաթողին մայրն հանդիսացաք այսքան տարիներ․ այս սրահին՝ որուն ամպիոնէն մեր բարեկրթութեան պատգամներն արձակեցիք երկար ատեն, ցնծութեամբ տեսաւ զՁեզ անձնուէր դաստիարակուհի, զՁեզ սանուհեացս բարի ուղեցոյց, զՁեզ, սիրոյ և գորովանքի քաղցր տաքելուհի, ու հիմա կը թողուք Ձեր բեմը, կը թողուք Ձեր սանուհիները, ու մենք մեր անզօր թեւերով Ձեր ընթացքը կասեցնելու անկարող, կը դնենք ահա Ձեր ոտքը մեր անհուն շնորհակալեաց, երախտագէտ զգացումներու փունջը, ու կը գոչենք տխրագին․ Երթա՛յք բարեաւ, Աստուած Ձեր հետն, երջանկութիւնը ձեր ազնիւ գլխուն ծաղիկներ բոլորէ թող։

Միշտ Ձեր շնորհապարտ սանուհիք

[Թուական]

* * *

15․ — Քրոջ մը նամակը իր եղբօր ուղղուած․ — Անուան շնորհաւորութիւն։

Խանդակա՛թ եղբայր իմ,

Առիթը պատեհագոյն է ահա, սիրելի անուանդ

տօնը, որ կը նորոգէ հոգւոյս մէջ ջերմագին զգացումներ. դէթ այս պահուն քովդ ըլլայի, անձամբ յայտնելի բարեմաղթութիւններս. բայց դպրոցական կեանքը զիս քեզմէ հեռու կը պահէ: Նմանավիշտ ենք երկուքս ալ, դուն պանդուխտ, ես պանդուխտ. բայց դուն ինձմէ աւելի ժրաջան մեղու մըն ես աշխատութեան փեթակին մէջ: Սակայն անշուշտ պիտի անցնին այս տարիներ, և սիրալիր սիրտը պիտի գոնէ դառնալ իր ընտանեկան վառարանը, անշուշտ պիտի գոնէ դառնալ իր բոյնիկը անոր շուրջ խմբուած իր հոգւոյն հատորները, հայր, մայր, և քոյր. հոն պահուած են իմ ուրախութիւններս, իմ երջանիկ ժամերս:

Սիրելի՛ եղբայրս, այս տարի ինձ համար խորհրդաւոր կերպով կը ներկայանայ անուանդ տարեդարձը, վասն զի աւելի քու սէրդ սրտիս կը խօսի. կ'զգամ թէ ինձ փառք է քեզ նման եղբայր մը ունենալ, օժտուած այն բարձր ձիրքերով՝ որոնք եթէ պատիւ են մեր տան, մանաւանդ ինձ երջանկութիւն են:

Ո՜հ, քաղցր է ինձ մաղթել որ ապրիս երկար և երջանիկ, և անունդ միշտ փառքով հնչէ աշխարհի առջև:

Յաւէրժ անձնուէր քոյրդ

[Թուական]

* * *

---

16. Քրոջ մը իր եղբօր ուղղած շնորհաւորագիր:

Եղբա՛յր իմ,

Ի՞նչ մաղթանք կցեմ եղբայր բարին, որ ինձ համար

քաղցրագոյն անունն է, և այն ինքնին կը բացատրէ ամենասիրելի որակականը։

Բայց քենէ հեռու ապրիլ, չվայելել քաղցրիկ տեսքդ, շատ դառն էր ինձ, և ահա սահեցան դժնի պանդխտութեան տարիներ, որոնց մէջ շնորհիւ անխոնջ աշխատութեան՝ անոր ուրախութիւնը և գերդաստանիդ պատիւը աւելցնելու գիրք մը շահեցայ, բազմաթիւ մրցակիցներու մէջէն յաջողեցայ և դու ընդունիլ բժշկական վկայագիր՝ որ քու անման ձիրքերուդ գրաւոր երաշխիքն է. ո՜հ, ի՜նչ ուրախութիւն, մանաւանդ թէ ի՜նչ երջանկութիւն քրոջդ համար՝ որ միշտ իր աղօթքներուն մէջ կը խնդրէր երկինքէն դերազանց յաջողութիւնդ։

Եւ հիմայ մտքովս կը շրջիմ այն վայրերն՝ ուր ափափանք միասին սիրուն ընդհուպ, յուսահատ հիւանդին անկողնոյն մօտը կանգնած՝ կեանք միասին բաշխեր անոր միասին որբերու շատերու արցունքը և դէպ սիրելի միասին ընծայեր, որովհետև ճարտար բժիշկ մը օրհնութիւն է մարդկութեան։ Երբ կը մտածեմ թէ քու թանկագին ծառայութիւններովդ արժանի միասին ըլլալ ընդհանուրին օրհնութեանց, ամէն շրթներէ ներբողներ միասին հիւսուին քեզ համար, անհունապէս կը հրճուիմ։

Եղբա՛յրս, ժամէ ժամ կ'սպասեմ ցանկալի դարձիդ։ Ա՜հ, ո՜րքա՜ն մեծ ուրախութիւն միասին պատճառէ մեր տան՝ փառաւոր դարձդ, երկարատեւ բացակայութենէ մը վերջ քաղցր սիրելիներուդ դէպ դրկաբաց ընդունիլ։

Համբուրելով դէմքդ կարօտի շրթներով՝

Եմ անձնուէր քոյրդ

[Թուական]

* * *

20. Առ օրիորդ մը՝ անոր նշանախօսութեան առթիւ։

Օրիո՛րդ,

Այնքան բուռն է իղձս Ձեր երջանկութեան համար, որ կը կարծեմ թէ անհնար է որ ինձ չափ ուրիշ մը բերկրի Ձեր նշանախօսութիւնը լսելով։ Վաղուց արժանի էիք լաւագոյն ընտրութեան մը, և կ'իմանամ թէ Ձեր խօսնայրն ալ մշակեալ մտքի մը հետ կը կրէ բարի սիրտ. ի բնէ քաջատոհմիկ է և այնպիսի ձիրքեր ունի, որոնց վրայ աշխարհ կը հիանայ։ Խորհրդաւո՛ր վայրկեան, երբ թողլով հայրենի տունը պիտի երթաք Ձեր ճակատագրին ետևէն. հզօր ձայն մը կը հրամայէ Ձեզ հեռանալ ծնողական գրկէն. պիտի մեկնիք իբր նոր Ռեբեկա մը՝ որուն հարցուցին, կ'երթա՞ս այս անծանօթին հետ. և նա ըսաւ. կ'երթա՛մ։

Ուրեմն գնացէ՛ք և դուք, Ազնիւ Օրիորդ, գնացէ՛ք ողջունելու երջանիկ կեանք մը ձեռք ձեռքի տուած ընտրեալ երիտասարդի մը հետ։

Այսպէս կը մաղթէ ի սրտէ Ձեր ազգականն՝

[*Թուականն*]

⁂

ՑԱՒԱԿՑԱԿԱՆ ՆԱՄԱԿՆԵՐ

Դիտողութիւն. Այս տեսակ նամակաց մէջ ամէնէն կարեւոր կէտն է զգոյշ կենալ սեթեւեթեալ ոճի մը պաճուճումներուն ու ոգին գործածել (Նամակներ՝ որոնց նպատակն է ըստ սովորութեան ազգականի մը կամ բարեկամի մը մահուամբ դիւրազգած անձանց հոգւոյն մէջ մխիթարանք ներշնչելու ճգնիլ)։ Այդպիսի ասացուածներու պչրանք մը խիստ ծաղրելի եւ անյարմար կ'ըլլայ, որովհետեւ

այդ եղանակով նամակագիրն ցոյց պիտի տայ աւելի մտացի նամակ
գրելու նպատակ ունենալն քան ուրիշի ցաւոց կարեկից ըլլալն: *Այս*
տեսակ նամակներու մէջ երբեմն կը պատահի կրօնական գաղափար-
ներ ալ խառնել, մեր ոչնչութիւնը մեր աչքին առջեւ ունենալով ա-
ւելի մեր խորհրդածութիւնները կը դարձունենք **Գերագոյն Էակին**
զօրութեան եւ մեծութեան վրայ. Մեր մտածմունքն դագաղի մը տես-
քով աշխարհային կապերը խզելով կը սլանայ անսահմանելի ապա-
գայի մը բնագաւառները, անմահութեան անհուն դաշտեր, այս աշ-
խարհի մէջ մեր յարգած եւ մեր խնկարկած ամէն ինչ մեզ կ'երեւի
իբրեւ ծաղրելի խաղալիկներու կոյտ մը... *Այսպէս* մի քանի երկիւ-
ղած եւ փիլիսոփայական պարզ խորհրդածութիւններ, անոնց հե-
ռանցուցելոյն զովեսը կը մեղմացնեն մորմոքներ. Նամակագիրն այս
կերպով նոր արցունքներ կը խլէ իր սրտացաւ եւ մելամաղձոտ զովա-
բանութեամբ եւ կը ձնուցանէ վշտի մէջն իսկ ներքին քերկրանք զգա-
ցընող հրապոյր մը. Նամակատուն խանդաղատանօք կը կարդայ եւ
այդ ընթերցման գործածած ժամանակն տեսակ մը սփոփում է իր
վշտին: Միւս կողմէ չմոռնանք ըսելու որ մարդ իր ժամանակն ի
զո՛ւր կ'անցունէ կարդալով յաճախ արարողական այն հին ձեւերն ու
կը գործածուին այնպիսի գրութեանց մէջ, որոնց մէջ ճշմարիտ ցաւը ե-
րբէք չերեւիր իր կինը կամ իր ամուսինը կորսնցնող անձին ուղղուած
ցաւակցական նամակով: Բայց անուրանալի է որ ճշմարիտ բա-
րեկամներու չափ չեն տխրիր պարզ ծանօթներ, կը բաւէ որ այդ գր-
րողներէն միայն մին անկեղծաբար Ձեզ ցաւակից ըլլայ, ահա այդ
բարեկամն է որ չգրեր այնպիսի նամակներ, որոնց արարողական ձե-
ւեր միայն ի նկատի կ'առնուին, այլ նա կը խառնէ իր արցունքներն
Ձեր արցունքին. *Այս* այլ եւ այլ խորհրդածութիւններէն յետոյ՝ որոնց-
մով ուզեցինք նամակագիրն պատրաստել ցաւակցական ամէն տեսակ
նամակներու շարադրութեան, փութանք այժմ այդ նիւթերուն վրայ
օրինակներ տալ:

21. Ցաւակցական նամակ տիկնոջ մը ուղղուած իր ամուսնոյն մահուան առթիւ։

Տիկի՛ն,

Ծանրաթախիծ սրտով իմացայ Ձեր ամուսնոյն մահուան գոյժը։ Դեռ այնքան մատաղ, իրեն հետ կը թաղուին գեղեցիկ յոյսեր. իր բարեմասնութիւնները և ազնիւ հոգին կը խոստանային Ձեզ մշտատեւ երջանկութիւն։ Կորուստը ցի՛ք ղանի. հազուագիւտ ընկեր մ'էր, որ Ձենէ բաժնուեցաւ. սակայն ո՞չ ապաքէն ամենքս ալ սահմանուած ենք մեկնելու ըսել յաւիտենական միւս բարունը։ Ա՜հ, իմ արցունքներս ալ կը խառնեմ ձերիններուն հետ. սակայն միթէ անհնա՞ր է մխիթարուիլ. այո՛, անկարելի է մոռնալ իր կորուստը, բայց անկարելի չէ մխիթարուիլ։ Երկինք ուր կ'ուղղենք մեր արցունքոտ աչքերը, ձայն մ'ունի, որ մեր ականջին կը հնչէ այսպէս. Մխիթարուեցէք, ես եմ որ կ'երջանկացնեմ իմ սիրելիներս։

Տիկի՛ն, Ձեր ամուսինն այնքան առաքինի և երկիւղած՝ կը վայելէ այժմ Աստուծոյ սիրելեաց պատրաստուած երջանկութիւնն. Յիշենք թէ հոս մենք վաղանցիկ, կարճատեւ գեր մ'ունինք. որմէ սկսեալ մահուան կը գրկենք, բայց առաքինիին համար կայ ուրիշ կեանք մը, որ կը վարձատրէ զայն իր բարիքներուն համար։ Այն երկնային օթեւանին մէջ արդարներ պիտի գտնուին. Ձեր ողբացեալ ամուսինն գլխաւորաբար կը քաջալերէ զՁեզ արիաբար տանիլ ամէն վիշտերու։ Այսուհետեւ ստանձնեցէք Ձեր որդւոց վրայ մօր և հօր կրկին պարտաւորութիւններն։ Այն անմեղ էակներն զՁեզ ունին նեցուկ. անոնց վրայ կը գտնէք իրենց հօր գծերը։ Թող անոնք թանկագին ըլլան Ձեր մայրենի գթոյն առջև։

Ցանկանելով զՁեզ Հոգւոյն Սրբոյ սփոփանքին՝ պատիւ ունիմ ըլլալու, Տիկին,

Ձեզ հնազանդ և ցաւակից

[Թուական] Ծառայ

* * *

---

22. Պատասխան ցաւակցական նամակի՝ տիկնոջ մը կողմէ ուղղեալ.

Ազնուազա՛րմ Տէր և բարեկամ,

Ներեցէք նամա՛կիս կարճառօտ ոճին. անագորոյն կացութիւնս զիս կը չքմեղացնէ անշուշտ։ Ձեր սփոփանքն ի խոր ազդեց ինձ։ Երախտապարտ եմ Ձեզ, զի կը ջանաք վշտայս բեռը թեթևցնել։ Կը յուսամ թէ կրօնական զգացմունքս և որդւոյս սէրը մորմոքս կը նուաղեցնեն։

Սակայն այս վշտայս մէջ քաղցր է ինձ մտածել թէ ունիմ բարեկամ մը՝ որ կը յուզուի իմ տառապանքիս վրայ։ Կ'զգամ Ձեր մխիթարութիւններուն արժէքն, և շնորհակալութիւններս կը յայտնեմ Ձեզ, վասն զի այնքան զգայուն սրտով կը հաճիք ցաւակից ըլլալ իմ դժնդակ կացութեանս։

Կ'աղաչեմ որ ընդունիք այս առթիւ խորին մեծաբանայս հաւատարիմ, որով պատիւ ունիմ ըլլալ

Ձեր անձնուէր

[Թուական]

* * *

23. Ցաւակցական նամակ հայրակորոյս որդւոյ մը ուղղուած։

Տէ՛ր,

Ձեր պատուական հօր անժամանակ մահը զիս՝ շատ խորին արտմութեան կը մատնէ. ապահո՛վ եղէք թէ անկեղծօրէն ցաւակից եմ Ձեզ։ Կը սիրէի Ձեր հայրը, մտքիս առջև կուգայ այն ազնիւ քաղաքացին. և ինքնին կ'երեւակայեմ Ձեր խորին ցաւը։ Ո՛չ, չպիտի ուզեմ Ձեր սուգին մեծութիւնը նուազեցնել, զի օրինաւոր է այդ. լացէ՛ք Ձեր կեանքի հեղինակին վրայ, որդիական սուրբ հարկ մ'է այդ. լացէ՛ք, Ձեր արտասուք պատիւ են Ձեզ, և կ'ապացուցանեն Ձեր զգայուն հոգին և բարի սիրտն։

Տէ՛ր, այժմ առիք կենաց տխուր փորձն. մեր ճակատագիրն այս է, հետզհետէ բաժնուիլ աշխարհէ, բնակիլ շիրմին գիշերին մէջ։ Ձեր որդին իսկ մի օր պիտի մատուցանէ որդիական հարկն Ձեր գերեզմանին վրայ։ Երանի՜ Ձեր հօր, վասն զի իր առաքինութիւնները կ'ըլլան Ձեզ ժառանգութիւն։ Եղի՛ք անոր նմանող. անոր հոգին Ձեր փառքն է։

Ձեր կացութիւնը կը յուզէ զիս, և կը ցաւիմ որ կանուխէն կ'ունիք տառապիլ, ուրիշները կորուստներ տեսնելէ, նկատո՛ւ չունին պարապութիւն մը տխրեցնող։

Սակայն կ'աղաչեմ որ արիանաք Ձեր կսկիծին մէջ և ընդունիք զիս՝

[Թուական] Ձեզ սգակից բարեկամ

* * *

24. Ցաւակցական նամակ

Ազնի՛ւ բարեկամ,

Ո՞ւր է նա, չքնաղաձիր քոյրդ, որ դպրոցի դրասեղաններուն վրայ իսկ՝ կը վայելէր գեղեցիկ համբաւ։

Նա քեզ եղբօրդ հրճուանքն էր, ծնողքին քաղցր երազն։ Ա՜հ, ինչո՞ւ խամրեցաւ այն ծաղիկն, ո՞ւր արդեօք սլացաւ այն նորափետուր թռչունն։

Իր անմեղի կեանքն ի՛նչ հմայք կը ներշնչէր. իր սուրբ պատկերն ի՛նչ խոկումով մը կը յափշտակէր սիրտն, ինքն իբր ժիր և զգաստ աշակերտուհի մը՝ ի՛նչ նախանձելի տիպար էր իր համատի ընկերուհիներուն։

Արդեօք նա մի՞ն էր այն իմաստուն կոյսերէն, որ իրենց լապտերները վառելով գացին երկնային հարսանիքն։

Դեռ կենաց գարնան մէջ կը ծաղկէր սիրուն, ծաղիկ մը քնքուշ տեսքով, թոյրով ու բոյրով լի, հեզահամբոյր, բարեմոյն, յուսալից էակ մ'էր, ընդհուպ պիտի պսակուէր շրջանաւարտի պսակով ի փոխարէն իր այնքան չքնաղ աշխատութիւններուն և յաջողութիւններուն։

Աւա՜ղ, փոխան այդ պսակին ծաղիկներ ծածկեցին իր թօշնեալ ճակատն, իր դագաղն։

Եւ սակայն սփոփուէ՛, ազնի՛ւ բարեկամ, նա կ'ապրի դեռ իր անմեռ յիշատակով․ նա յաւէտ պիտի մնայ կենդանի սիրելեաց սրտերուն մէջ։ Եւ երբ ամէն գարուն ծաղկին շուշան և մանիշակ, պիտի յիշեցնեն մեզ վաղամեռիկ քրոջը, այն անբիծ կուսին շնորհքները և զգաստ ոգին։

Հայցելով քեզ և ընտանիքիդ սրտանց հոգիներուն սփոփանք՝

Եմ

[Թուական]

* * *

27․ Ցաւակցական նամակ

Տէր,

Այն խորին ցաւը՝ որով կը կսկծայ սիրտդ սիրելի զոքանչ մօրդ այնքա՜ն դառն որքան անակնկալ մահուամբ, կուգամ բաժնել քեզ հետ։ Կորուստն էր այս պատուական կնոջ մը, զոր առաքինութիւնը իբրև իր աղջիկը մատնանիշ կը ցուցնէ Եւայի թոռներուն․ հետևաբար անմոռանալի պիտի մնայ, իր սիրելիներու րջանակին մէջ։

Այս հարուածէն սասանած և հազիւ զսպած մեր արցունքները՝ հետևեցանք իր դագաղին, աւաղելով կեանքն, որուն վայելքը կարճատև է միշտ․ ծաղկին պէս է ան, որ թեթև շունչէ մը կը խամրի, խոտին պէս՝ զոր անցորդը կը կոխոտէ ու կ'անցնի։

Ի՞նչ բան պիտի կրնայ լեցընել տիկին Յուլիանէի ձգած պարապութիւնը, սփոփանքի ի՛նչ խօսքեր պի-

որ կրնան ամոքել քու և ազնիւ տիկնոջդ զգացած վիշտը, մանաւանդ տիկնոջդ՝ որ կորսնցուց անզուգական մայր մը, որուն գովեստը կը հիւսեն հոս ծանօթ չըլլներ։

Ի սրտէ կը մաղթեմ ձեզ մխիթարութիւն հանդուրժելու այս մեծ աղէտքին և սփոփուելու հոգւով քու նաև երեխաներուն սիրոյն համար։

Կեանքի մէջն դառնութիւններէ ազատ պահէ Աստուած Ձեր տունը, ուր ապրի յաւէտ Տիկին Յուլիանէի, այն բարի կնոջ յիշատակը իբրև անաղարտ լոյս մը Ձեր ընտանեկան յարկին։

[Թուական] * * *

---

28. Որդեկորոյս հօր մը։

Տէ՛ր,

Տկար գրիչս կը դողայ մատներուս տակ, երբ կը փորձեմ մասնակցիլ փղձկուած սրտով զՁեզ հարուածող դառն կորուստին. Ձեր ընտանեկան սրբութեան խորանէն ճրագ մը կը վերնայ և կամ Ձեր սիրոյ բուրաստանէն ծաղիկ մը խորշակահար կը թառամի։ Աստուած իմ, ի՛նչ ահաւոր հարուած է այս և ինձ կը պակսին բառեր Ձեր հայրական գորովալից սիրտը սփոփելու. կարող չեմ Ձեր դառն արցունքներուն աղբիւրը ցամքեցնել, ան կը հոսի անընդհատ իբր քաղցր սիրոյ տուրք, և ես գլխիկոր և ապշահար կը մնամ Ձեր ազնիւ սիրոյ մեծութեան առջև։

Բայց ահա կը խորհիմ թէ ազնուական միտք մը

չտատանիր բնաւ անձուր պատահականութիւններու առջև. ան կ'արհամարհէ չանթերու-հարուածները որ կ'սպառնան իր գոյութեան. Ճշմարիտ դիւցազն մ'է այսպիսին. ան է որ կը գտնէ իր մէջ սփոփանք, թէպէտ իր սիրելիին պատկերը չհեռանայ իր երեւակայութեան առջեւէն ։

Ուրեմն ներուք ինծի հաւատալ թէ ձեր սիրոյ մեծութեան հաւասար է Ձեր կորուստը, որ Ձեզ կ'արիացնէ հանդուրժել ցաւագին աղէտներու ։ Ձեր վաղամեռիկ որդեակը ձեզմէ անբաժան է, քանի որ անոր ներշնչած բուռն սէրը չմարիր Ձեր մէջ յաւէտ ։ Գորովալից հայր մը իր անշնչացած որդւոյն գերեզմանը իր մէջ կը կրէ, նման այն թագուհիին որ իր վախճանած սիրելի ամուսնոյն գերեզմանը ուզեց ունենալ իր մէջ, և սիրելւոյն մոխիրը գինիի հետ խառնելով խմեց սպառեց ։

Խորին ցաւակցութիւն Ձեր վարդափթիթ սիրելոյն կարօտին համար և երկնային սփոփանք Ձեր պաշտելի հոգւոյն ։

[*Թուական*]

* * *

ՅԱՆՁՆԱՐԱՐՈՒԹԵԱՆՑ ՆԱՄԱԿՆԵՐ

Դիտողութիւն. — *Երբ կը յանձնարարէք բարեկամ մը, ազգական մը, օտարական մը, պաշտօնեայ մը, վերջապէս թշուառութեան մէջ գտնուող անձ մը, կ'ուզէք միեւնոյն անձին վայելել տալ այնպիսի շնորհներ, զորս աստիճանաւոր անձ մը կրնայ կատարել։ Ուրիշ կերպով բացատրելով, Ձեր վարկը կը գործածէք ի նպաստ երրորդի մը.*

Յանձնարարութեանց բազմաթիւ տեսակներ կան.

շանալու է զանոնք անխորհրդաբար եւ անխտիր կերպով գործածելէ. որովհետեւ ատով դուք տեսակ մը պատասխանատուութիւն ստանձնած կ'ըլլաք ձեր յանձնարարած անձին համար եւ վերջին նորա գործելիք յանցանքները եւ յիմարութիւններն կրնան ձեր վրայ ծանրանալ, ուստի պէտք է այնպիսի անձեր յանձնարարել՝ որոնց վրայ կանխաւ նպաստաւոր տեղեկութիւններ հաւաքած ըլլաք. որովհետեւ դարձեալ կ'ըսեմ. վերջին անոնց գործելիք թերութիւններն կերպով մը զձեզ մեղսակից կ'ընեն։ Սակայն հարկ չի կայ այդ խոհեմութիւնը մինչեւ չարակամութեան եւ անձնասիրութեան հասցնել։ Անկեղծաբար կ'ըսեմ որ ինձ համար նախապատիւ է այն անձն որ չափազանց մարդասիրական բնաւորութեամբը անձը կը վտանգէ քան այն անձ՝ որ այդպիսի անպատեհութենէ մը խոյս տալու համար ոչ մէկուն բարիք կը մատուցանէ։

Յանձնարարականի մը գլխաւոր նիւթն է ընդհանրապէս յանձնարարելի անձին գովեստն, որով կը շարժենք սիրտն այն անձին՝ որմէ պաշտպանութիւն եւ բարեացակամութիւն կը խնդրենք։

Աւագի մը, նախարարի մը յանձնարարութիւնն հրաման մ'է զայն ընդունողին համար. Յանձնարարական նամակներ պատուական բան մ'են։ Ասոնք օտարականի մը, վաճառականի մը համար մեծ առաւելութիւն մը ունին, որոնց վստահութիւնը կը շահեցնեն յանձնարարեալին։

---

28. Որբ աղջիկ մը յանձնարարել։

Ազնի՛ւ բարեկամ,

Ինձ պատիւ ըրած էք Ձեր մտերմութիւնն և թանկագին վստահութիւնը նուիրել։ Եւ քաջ գիտեմ թէ ամէն պարագայի մէջ կը հաւանիք իմ խորհուրդներուս, որոնց գլխաւոր արժանիքն է անկեղծութիւն։

Ուստի ազատաբար կը յանձնարարեմ Ձեր խնամքին և բարեխօսութեան՝ Օր. Ոգոհէ՝ որ շատ կանուխէն որբացած, ամէն շնորհներու և ձիրքերու տէր աղջիկ մըն է. իր հայրը պատուաւոր քաղաքացի մեռած է, հէքն անզօր ըլլալով մաքառիլ անողոք հիւանդութեան մը դէմ, վերջին շունչը փչած է կնոջ և որդւոց համար հառաչելով: Ընտանիքի հայրն այսպէս զոհուելէ յետոյ ո՞ւր է որ կինն ու աղջիկը, ա՛ն որ ուխտած է անբաժան մնալ ամուսինէն. այսպէս կինն ու բաժնուած է աշխարհէ՝ թողլով անպաշտպան որբեր:

Ահա այն վիճակ՝ որուն ենթարկուած էր սոյն հէք որբուհի՝ կենաց առաջին օրերէն, և սակայն հակառակ բնական դժուարութիւններուն օժտուած է ընտիր դաստիարակութիւն մը, որ իր ուրիշ ձիրքերուն հետ միանալով իր հարստութիւնը կը կազմէ: Նա կարող է ըլլալու տան վառանելի օրիորդ, մանկավարժուհի, ընթերցուհի, ևն: Իր կերպարանքը վեհ է և շարժումները՝ կիրթ, այնպէս որ իր տեսքը արդարացանքի հետ խառն գորով մը կը ծնուցանէ Ձեր մէջ:

Կը հաւատամ որ իմ բարեկիրթ և սիրուն պաշտպանեալս դուք առաջին սիրով ըլլաք պատուաւոր դիրքի մը մէջ դնելու, այն հաստատ համոզումով թէ այսպիսի օրիորդ մը պաշտպանել Ձեր փափուկ զգացումներուն համապատասխան կը գտնէք:

[Թուական]

* * *

29. Պանդուխտ ուսանողի մը Ս. Պատրիարքին ուղղած նամակն անոր պաշտպանութիւնը հայցելու համար։

Բարձրաշնորհ Սրբազան Հայր,

Եթէ համարձակութիւն կ՚առնում գրելու Ձեր բարձր Սրբազնութեան, եւ Ձեր ծանրածանր զբաղմանց մէջ պահիկ մը ուշադրութիւն խնդրելու, պատճառն պաշտպանութեան հանդէպ ունած տենչս է։

Ազգախնամ Տէր, պանդուխտ եմ, ուսման եւ գիտութեան սիրով եկայ երկրէս, ուղեւորի ցուպը ձեռքս առի եւ եկայ հոս, Պոլիս՝ ուր շատ են բարձրագոյն վարժարաններ։ Բայց ո՞վ է որ ինծի նուիրէ թանկագին պաշտպանութիւն։ Կը յիշեմ միշտ թէ, գիւղէս ելած առեն մայրս յորդ արցունքներ թափեց, պզտիկ քոյրս քղանցքէս բռնեց եւ ըսաւ. «Ատոմ, քեզ չպիտի թողում, դո՞ւն ալ պանդուխտ»։ Ո՛չ, ատո՛նք դատ են, բայց չէի կրնար եղած պէս մեր արտերին ակօսող գութանին լծուիլ եւ ալ էն մնալ։ Կ՚զգայի թէ աշխարհնիս պահանջները ուրիշ. ինչպէս արհեստական լոյսեր կը վառին ամէն կողմ, նոյնպէս ուսմանց լոյսեր ալ կան։

Արդ, Սրբազան Հա՛յր, արտասուալից կ՚աղաչեմ որ Ձեր բարձր հովանաւորութեամբ պաշտպան կանգնիք ինծի եւ բանաք իմ առջեւ դպրոցի մը դռները։ Ձեզմով ըլլամ իբր ապագայ ուսեալ անձ մը, երթամ մօրս, քրոջս գիրկը նետուիմ, Ձեր հօտին ժիր աշխատողը ըլլամ։

Ակնդէտ ըղձիցս կատարման
Մնամ Ձեր Բարձր Սրբազնութեան
Հնազանդ որդի

[Թուական]

* * *

30. Հօր մը նամակն հեռաւոր ծանօթի մը պաշտպանութեան յանձնարարել իր որդին։

Տէ՛ր,

Պատիւ ունիմ ծանուցանել Ձեզ թէ որդիս քաղաքին գործարաններէն միոյն մէջ պաշտօն ստանձնած է․ ի բնէ հակում ունէր նա արուեստագէտ ըլլալ, և ես չուզելով հակառակիլ իր յօժարութեան, ուղարկեցի հոն։

Սակայն որովհետև դեռ այնքան մատաղ է և այն հասակի մէջ է՝ յորում դիւրաւ կը գեղծանի, ներկայիս հարկ կը համարիմ յանձնարարել զանի Ձեր խնամքին և պաշտպանութեան։ Ունիք դուք ևս սիրասուն որդիներ, հետևաբար Դուք և ձեր նմաններ կ՚զգան խնդրանքիս արժէքը։

Որդւոյս տեղեկացուցի թէ նա այլ ևս այդ տեղ ունի մէկն՝ որ հօր մը աչքով պիտի նայէ իր վրայ։ Այսուհետև մեծ բեռէ մը ազատած կը համարիմ զանձս, քանի որ կը դիմեմ Ձեզ։ Նա պիտի հնազանդի Ձեզ ամէն առթիւ և զՁեզ պիտի նկատէ իբրև իր մենտորը․ Նա կարօտ է Ձեր բարի խրատներուն և պատրաստ է իր ընթացքին համարը տալ Ձեզ իբրև իր հօրը։

Այսու երախտապարտ կը կացուցանէք զիս՝

[Թուական] Ձեր անձնուէր ծառան

* * *

31. Կարեւոր անձի մը պաշտպանութիւնը խնդրելու նամակ։

Ազնուաշո՛ւք Տէր,

Ձեր բարերարութիւնն այնքան հռչակուած է, որ վստահաբար կ'ուղղուիմ Ձեզ ներկայս։ Ես իսկ լաւագէս զգացած եմ Ձեր երախտիքն, որոնց յիշատակն այնքան գրաւած է զիս։ Ուրեմն թոյլ տուէք ինձ Ձեզ ուղղել իմ աղերսս, և Ձեր պաշտպանութիւնն հայցել։

Կ'ուզեմ (պէտք է յայտնել խնդիրն յստակօրէն եւ քիչ բառերով) *Ձեր շնորհներն եւ ես վայելել, Ձեր հզօր ազդեցութիւնն ինձ համար մեծ գրաւական մ'է թէ պիտի յաջողիմ խնդրանացս մէջ և թէ ընդհուպ յոյսերս պիտի պսակուին։ Ասով կը հանդարտի մտահոգութիւնս ապագայիս համար. այժմէն կ'ստանամ գոհացում իմ բոլոր փափաքանացս մասին և Ձեր պաշտպանութեան ապաւինելով կ'ունենամ վստահութիւն իմ բարւոք կացութեանս նկատմամբ։*

Պատիւ ունիմ ըլլալու խորին մեծարանօք՝

Ձեր ամենախոնարհ և ամենահլու

Ծառայ

[Թուական]

* * *

32. Որեւէ յանձնարարական նամակ:

Տէ՛ր,

Չունիմ երկիւղ Ձեր բարութեանը զեղծանելու, ներկայացնելով Ձեզ գրաբերողս. Պարոն Թադէոս: Վաղուց ի վեր կը ճանչնամ զինքը ամէն կերպով վստահութեան արժանի անձ: Սակայն նա կարող չէ ապրիլ առանց պաշտպանութեան, եւ որովհետեւ զՁեզ կը ճանչնամ ամէն բարեսրտութեամբ օժտուած, ուստի չեմ վարանիր յանձնարարել զայն՝ որ կը փափաքի Ձեր ծառայութեան տակ մտնել եւ անձնուիրաբար աշխատիլ առանց թերանալու իր պարտքերուն մէջ, որոնք են ուղղամտութիւն, աշխուժութիւն եւ հաւատարմութիւն: Ընդունեցէք, եւայլն.

[Թումկան] * * *

---

33. Յանձնարարական նամակ:

Տէ՛ր,

Ի՞նչ պիտի ըսէք ինձ համար. դուք Ձեր բարութիւններն զգացուցիք ինձ օգտակար ամէն եղանակով: Գուցէ Դուք միայն երախտագիտութեան զգացումներ կ'ազդէք ինձ, եւ տակաւին պէ՞տք է որ ձանձրացնեմ զՁեզ: Ո՛չ, մի՛ կարծէք զիս բաւական համարձակ, բայց ահա իրողութիւնն. կորովի, մտացի եւ լաւ ստագիր սիրող երիտասարդ մը չգտնալով ինչ ընելն՝ չեմ գիտեր ի՞նչպէս, կը մտածէ գալ ներկայանալ Սիրէյ-

Նա կը լայ Ձեր վրայ խօսելու, իմ պաշտպան հրեշտակին. «Ո՛հ, ո՛հ, կ'ըսէ, քանի որ ան Ձեզ բարիք կ'ընէ, ուրեմն ինձ ալ կ'ընէ։ Ինծի համար գրեցէք անոր»։ «Բայց, Պարո՛ն, մտածէ՛ որ չարաչար պիտի գործածեմ իր բարեսրտութիւնը»։ —«Չէ՛հ, ուրեմն, գործածէ՛, կ'ըսէ ան։ Բոլորովին անոր պիտի նուիրուիմ, ոչինչ կը խնդրեմ, անոր պիտի ծառայեմ ամէն բանի մէջ։ Ժրաջան եմ, հլու եմ, յոգնութեան կը դիմանամ։ Վերջապէս անոր համար ինծի նամակ մը տուր»։ Ես որ բարեկամէս մէկն եմ, անոր կուտամ նամակ։ Նամակն առնելուն պէս շատ երջանիկ կը համարի իր անձ։ «Պիտի տեսնեմ...» կ'ըսէ։ Եւ ահա այս կորովի երիտասարդը Ձեզ կը դիմէ։

Տէ՛ր, պատիւ ունիմ ուրեմն Ձեզ զեկուցանել զայն։ Նա Ձեզ պիտի ներկայանայ գեղեցիկ դէմքով և չնչին յանձնարարականով մը։

Կը պաղատիմ Ձեզ, այս ձանձրութեանս համար ներեցէք ինձ. յանցանքն իմս չէ, չկրցայ դիմադրել Ձեր բարութիւնները գովելի հաճոյքին. և անցորդ մը ըսաւ. «Ես ալ բաժինս կ'ուզեմ»։

(Թարգմ.)

---

34. Յանձնարարական նամակ գործաւորի մը համար։

Տէ՛ր,

Գրամատոյցս է ժիր գործաւոր, որ իր աշխատասիրութեան և յաջողութեան փորձերը տուած է ինծի ամէն առթիւ։ Ուստի մասնաւորաբար կը յանձնեմ զինք Ձեզ։ Կրնաք գործածել զանի Ձեր հրամաններուն տակ և կամ ուրիշի յանձնարարել վստահաբար։

[Թուական]

* * *

---

35. Աղքատաց խնամակալութեան մը կողմէ հիւանդ մը յանձնարարել բժշկի մը։

Ազնուափառ Տէ՛ր,

Տնօրէն Խորհուրդս երախտագիտութեամբ լի քանիցս վայելած է Ձեր աջակցութիւն յօգուտ աղքատ հիւանդաց։ Դուք իբրև բարեկամ, իբրև հայր մօտենալով անոնց անկողնոյն քով, հոն յոյս ցոլացուցած էք։

Արդ, կը փութանք դարձեալ Ձեր ծանօթ բարեսիրութեան դիմել և խնդրել որ... Թադէն (այս անուն) հիւանդն բարեհաճիք դարմանել. Ձեր այցելութիւն մեծ սփոփանք պիտի մատուցանէ սոյն հիւանդին՝ որ Ձեր խնամքին յանձնարարուելու արժանի է ամէն կերպով։ Մարդասիրութիւնը Ձեր բնածին ձիրքն է. հետևաբար հարկ չենք տեսներ երկար յորդորներ կարդալ Ձեզ, ըստ որում Դուք Ձեր ազնուութեամբ նուիրական պարտք կը նկատէք օգնել աղքատին, և միշտ Ձեր ճարտարութեան նոր գիւտական ընծայել։

Վստահ եղէք թէ Ձեր բարեգործութեանց իբր վարձք պիտի ընդունիք աղքատաց օրհնութիւններ, որոնց կը կցենք մեր խորին շնորհակալութիւնները։

Ատենադպիր Ատենապետ

[Թուական]

* * *

36. Վաճառատան մը մէջ պաշտօն խնդրել։

Տէ՛ր,

Պատիւ ունիմ խնդրել Ձենէ հաշուակալի պաշտօն մը Ձեր վաճառատան մէջ։ Գիտեմ տոմարակալութիւնը բաւականին՝ Ձեր հրամանին ներքեւ գործելու համար։

Տէ՛ր, պարտիմ ըսել Ձեզ թէ Պ... կատարեալ վստահութեամբ կը յանձնարարէ զիս Ձեզ։ Եւ եթէ հաճիք ընդունիլ զիս Ձեր գրասենեակներուն մէջ, ամենայն անձնուիրութեամբ աշխատող մը պիտի ունենաք Ձեր տրամադրութեան ներքեւ, արժանի Ձեր պաշտպանութեան եւ շնորհներուն։

Պատիւ ունիմ ըլլալ, Տէ՛ր, Ձեր շատ խոնարհ ծառան

[Թուական] * * *

ԸՆԴԼԱՅՆԵԼԻ ՆԻՒԹԵՐ

1. Շնորհակալութիւն բարերարի մը ուղղեալ. — *Ներեցէք ինծ, եթէ չկրնամ յայտնել ամբողջ երախտագիտութիւնս Ձեր բարիքներուն փոխարէն: Քաղցր է ինծ հաստատել թէ Դուք Ձեր ազնիւ սրտին անսացիք այս գործը կատարելով: Ձեր յիշատակը սրտիս մէջ անջինջ պիտի մնայ: —Վերջաւորութիւն.*

Դարձեալ նոյն նիւթ. — *Մեր բարեկամն յաճախ իր օժանդակութիւնը նուիրած է մեզի եւ զմեզ շատ առիթներով երախտապարտ ըրած է իրեն: Հիմայ դարձեալ տեսնելով իր բարեկամութեան մէկ նոր ապացուցն՝ մեր խորին շնորհակալութիւնները կը յայտնենք անոր:*

3. Շնորհակալութիւն. — *Մանկամարդ օրիորդ մը, որուն եղբայրը վաճառատան մը մէջ ընդունուած է, կը գրէ տիկնոջ մը որ զանի պաշտպանած է, եւ շնորհակալութիւն կը յայտնէ նոյն տիկնոջ իր ընտանիքին անունով:*

4. Շնորհաւորութիւն բարեկամի մը ուղղուած. — *Ի՛նչ ուրախութեամբ իմացայ ամուսնութեանդ լուրը. լուրջ եւ բարեմոյն կնոջ մը գորովանքով պիտի թեթեւնան վիշտերդ եւ պիտի աւելնան ուրախութիւններդ: Դրուատիք իր յաջող ընտրութեան համար, եւայլն:*

5. Շնորհաւորութիւն. — *Մեր բարեկամն առեւտրական մեծ յաջողութիւն ունեցած է. մեր խնդակցութիւնը կը յայտնենք եւ կը մաղթենք միեւնոյն ատեն, զի միշտ այսպէս քալէ յաջողութենէ յաջողութիւն:*

6. Շնորհաւորութիւն. — *Մեր ընկերուհին ծանր հիւանդութենէ մը ազատած է. կը շնորհաւորենք անոր ապաքինումը եւ կը հրաւիրենք զանի՝ որ այս տարի գիւղագնացութեան ատեն մեր մօտ գայ՝ որպէս զի ի միասին ուրախանանք:*

Շնորհաւորութիւն. — *Կ'իմացնենք դպրոցականի մը թէ մեծ ուրախութեամբ տեղեկացանք անոր յաջող քննութիւններ անցունելը: Աշխատութիւնն այսպէս կը վարձատրուի եւ կը փառաւորուի: Ուրախակից ենք իր այս յաջողութեան համար*

7. Ցաւակցական նամակ հօր մը ուղղուած — *Հէք հայրը կորսնցուցած է որդի մը լի արժանիքով, տաղանդով, ա-*

ռաքինութեամբ. կը ցաւակցինք անոր, անոր արցունքին կը խառնենք մեր արցունքը։ Ամէն որ ցաւած է այսպիսի դժնդակ կորստեան մը համար. Այս ընդհանուր համակրութիւնն իցի՛ւ չափաւորէ թշուառ հօր վիշտը։

9. Ցաւակցական նամակ այրի կնոջ մը ուղղուած. — Ամենէն դժնդա՛կ հարուածը կը կրէք, տիկին, այս կորուստով. իբրեւ մայր կը կորսնցնէք ամենէն ապահով նեցուկ Ձեր որդիներուն։ Սփոփուեցէք սակայն, մտածելով թէ երկնային կամքին հպատակիլ պէտք է Ձեզ նման առաքինի կին մը.

10. Քրոջ մը մահուան համար ցաւակցական նամակ։ — Մեր բարեկամին, որ կորսնցուցած է քոյր մը, զգացած վիշտն զմեզ կը յուզէ խորին. Օրիորդն էր չքնաղածիր, ամենուն մեծարանքին արժանի։ Մեզ եւս դժուարին է գրել այս նիւթին համար մեր բարեկամին եւ աւելի պիտի սիրէինք լռել, եթէ մեր լռութիւն անտարբերութեան նշան մը չերեւէր.

11. Ցաւակցութիւն. — Իր ընտանիքէն հեռացած բարեկամուհիի մը ուղղեալ նամակ։ Այս բարեկամուհին որ մի քանի ամիս առաջ եղբայր մը կորսնցուցած էր, այժմ եւս կը կորսնցնէ հայրը։ Անոր համար անմիջապէս չգրեցինք, որպէս իր սիրտն աւելի չտխրեցնենք։ —Իր մօրը նկատմամբ լուրերը. Կը ցաւինք որ այս դժնդակ պարագային մէջ իրեն մօտ չենք։ — Սփոփանք։

12. Ցաւակցութիւն. — Որդի մը իր հայրը կորսնցուցած է. կը յայտնենք անոր մեր ցաւակցութիւնն, եւ կ՚ըսենք թէ հանգուցեալը կը թողու իր որդւոյն ժառանգութիւն՝ իր առաքինութիւնները եւ բարի օրինակներ, որք՝ իսկական ստացուածք են, եւ իբրեւ սփոփանք՝ քրիստոնէի մը կեանքն եւ գեղեցիկ մահ մը. Կը մաղթէք որդւոյն՝ հօրը նման չքնաղ կեանք մը։

13. Յանձնարարական. — Շրջանաւարտ օրիորդի մը նամակն տիկնոջ մը ուղղուած, որ հեռուն կը բնակի. — Օրիորդը կը փափաքի դպրոցի մէջ պաշտօն ստանձնել. — Ըստ որում որբուհի մ՚է, որոշած է աշխատիլ.

14. Յանձնարարական. Մեր մէկ բարեկամը Պրուսա կ՚ուղեւորի։ Հոն ունինք ծանօթ մը՝ որուն կը յանձնարարենք եւ կը խնդրենք որ ի հարկին իր որեւէ աջակցութիւն չզլանայ մեր այս բարեկամին։

15. Յանձնարարական. — *Մեր մէկ բարեկամին ջերմապէս կը յանձնարարենք երիտասարդ մը, որ գործ կը խնդրէ. — Այս երիտասարդը մեզ ծանօթ է իր անձնուէր գործունէութեամբ, մտացի է եւ բարեհամբոյր. — Եթէ անկարելի ըլլայ գործ մը գտնել, վստահ ենք թէ մեր բարեկամը կը ջանայ ծանօթացնել յանձնարարեալն ուրիշ վաճառատանց։*

ԳԼՈՒԽ Գ.

ԱՌԵՒՏՐԱԿԱՆ, ՎԱՃԱՌԱԿԱՆԱԿԱՆ ԵՒ ԴՐԱՄ ԽՆԴՐԵԼՈՒ ՆԱՄԱԿՆԵՐ

Դիտողութիւն. — *Ըստ որում բնական հետեւութեամբ հարկ կ'ըլլայ գործի եւ առեւտրոյ վերաբերեալ նամակներ գրել երբ առանձին ստորագրութեամբ մուրհակներ, հասարակ պարտամուրհակներ, վաճառականական մուրհակներ, փոխանակագրեր, համբաշխ յանձնարարութեանց գրեր, յանձնեալ վաճառաց ցուցակներ, եւայլն գրուին եւ ստորագրուին. եւ ըստ որում այդ յանձնառութիւնք յաճախ տեղի կուտան բազում վիճմանց, հակառակութեանց, մերժմանց, յանդիմանութեանց. աստի յառաջ եկած է գործի եւ առեւտրոյ թղթակցութիւնն, կամ դժուարութիւններ բառնալու, մեկնութիւններ տալու, շահեր պաշտպանելու համար եւ կամ զայնս օրէնքի մարդոց եւ ատեաններու յանձնելու։ Ուստի բնաւ որ կը կարծենք այն նամակներէն միջ՝ որոնց վրայ տեղեկութիւն տուինք, մեր կողմէ այս նոր նամակաց օրինակները դնել, վասն զի ասոնք շատ անգամ ծագում կուտան միւսներուն։*

Այս տեսակ նամակներ ընդհանրապէս բոլորովին ի բաց կը մերժեն երեւակայութեան եւ մտքի ճիգ. Կարելի եղածին չափ համառօտութիւն եւ յստակութիւն մանաւանդ առեւտրական նամակներու համար. Սակայն պարզ գրել ուզելով՝ ստորին ոճով մի՛ գրէք։

1. Շրջաբերական։

Կ. Պոլիս 1 Յունուար 1902

Տ.

Պատիւ ունիմ ծանուցանել Ձեզ թէ քաղաքիս մէջ առեւտրական տուն մը հաստատած եմ

Կ. ԱՍԱՏՈՒՐԵԱՆ

անուամբ, որ պիտի զբաղի ամէն տեսակ վաճառքներու արտածութեան և ներածութեան, փոխանակագրոց միջնորդութեան և յանձնարարութեան գործերով։

Հաճեցէք, Տ. ծանօթանալ մեր ստորագրութեան, որ ի ստորեւ, և ընդունիլ մեր խորին յարգանաց հաւաստիքն։

ԿՈՊԵՌՆԻԿ ԱՍԱՏՈՒՐԵԱՆ

---

2. Վարկագիր

Կ. Պոլիս, 20 Փետր. 1901

Տ.

Վիեննա

Պատիւ ունիմ Ձեզ յանձնարարել Գրամատոյս Պ... որուն կրնաք մինչեւ 1000 Թրք. ոսկի վճարել, փոխարէնն իմ հաշւոյս անցունելով։

Պ... Ձեզ պիտի տայ առած գումարներուն դէմ երկերկու օրինակով ընկալագիր, որոնց մէկ օրինակն Ձեր քով պիտի մնայ, իսկ միւսն ինձ պիտի խրկէք։

* * *

Ահաւասիկ Պ. ի ստորագրութիւնը։

---

3. Վաճառք խրկել

Տրապիզոն, 1 Յունուար 1901

Մեծարգոյ Տ...։

ի Կ. Պոլիս

Պատիւ ունիմ ծանուցանել Ձեզ որ այսօր մեկնող Բալմա շոգենաւով ուղարկեցինք Ձեր ապսպրած 20 պարկ լուբիա։ Ներփակեալ կը գտնէք անոնց գումարն որ է 400 Թրք. ոսկի, զոր յետ քննութեան հաճեցէք անցունել մեր պահանջքին Յունուար 31։

Յոյս ունիմ որ գոհ պիտի ըլլաք յիշեալ ապրանքներու թէ՛ տեսակէն, թէ գնոց աժանութենէն և թէ՛ ծախուց չափաւորութենէն, և պիտի հաճիք ի մօտոյ նորանոր հրամաններ խրկել մեզ, զորս պիտի ջանանք Ձեզ նպաստաւոր կերպով կատարելու։

Հաճեցէք, Տէր, ընդունիլ մեր յարգանքներն։

* * *

---

4. Ստացագիր

Ստորագրեալս կը յայտարարեմ որ ստացայ...էն, 50 ոսկի Թրք., ի հաշիւ 20 պարսկական գործերու, զորս իրեն ծախած եմ Թուականէս 25 օր յետոյ յանձնելու պայմանաւ։

Կ. Պոլիս 25 *Յուլիս* 1892

* * *

---

5. Բ. Օրինակ *Ստացագրի:*

Ստացայ Տ. .... *է* 100 *լիրա Թրքական Պ.* ....*ի հրամանաւն և անոր հաշուոյն համար։*

Կ. Պոլիս 15 *Օգոստ.* 1892

* * *

---

6. Փոխանակագիր։

Կ. Պոլիս 10 *Սեպտ.* 1890

Փ. Վ. Լ. Թ. ....

Թուականէն երեսուն և մէկ օր յետոյ, վճարեցէք այս միակ փոխանակագրով Տ. Պէրպէրեանի հրամանին հազար չորս հարիւր յիսուն Թրքական, արժէքը կանխիկ ընդունած եմ և անցուցէք ի հաշիւ ըստ ծանուցման:

Ս. ՄԱՆՈՒԷԼԵԱՆ

Առ Տ. Գ. Մըսըրեան
ի Կարին

---

7. Մուրհակ

Կ. Պոլիս, 21 Յունիս 1900

Մ. Վ. Լ. Թ. 100

Թուականէս երեսուն և մէկ օր յետոյ, պարտիմ վճարել Յ. Մանուկեանի հրամանին, հարիւր լիրա Թըրքական, արժէքն ապրանքով ընդունած եմ։

Մ. ԱՌԱՔԵԼԵԱՆ

---

8. Բաց մուրհակ

Թուականէս երեսուն և մէկ օր յետոյ, այս թղթա ներկայացնողին (կամ բերողին) պարտիմ վճարել երկու հարիւր լիրա Թրքական։

Կ. Պոլիս, 5 Մայիս 1892

Լ. Թ. 200

Ս. ԵՐԱՄԵԱՆ

---

9. Հրամանագիր

Կ. Պոլիս 30 Հոկտ. 1890

Հ. Վ. Լ. Թ. 250

Յառաջիկայ Դեկտ. 30ին, վճարեցէք այս հրամանագրովս, Տ. Գրիգոր Տիլպէրեանի հրամանին, Երկու հարիւր յիսուն լիրա Թրքական, արժէքն կանխիկ ընդունած եմ, և անցուցէք ի հաշիւ ըստ ծանուցման։

Ա. ԳԱՍՊԱՐ

Առ Տ. Սարոյեան ի Տիֆլիս։

10. Դրամ խնդրել:

Տէ՛ր,

Մինչև երէկ հաշուած էի թէ դրամական վիճակս պիտի ներէ լաւ վճարում մ'ընել Խնայողական Սնտուկին՝ ուրկէ կարեւոր գումար մը փոխ առած եմ Պատէմլիկի տանս համար։ Արդ անհնարութեան մատնուելով վճարումս կատարելու մասին, կ'աղաչեմ որ... Թրք. ոսկի բարեհաճիք վճարել ինծ։ Վստահ եղէք թէ ներկայ ամսոյս մէջ կը վճարեմ զայն։ Վայրկեան մը չեմ տարակուսիր թէ կը յօժարիք ինծ ծառայութիւն մը մատուցանել, ուստի կը մնամ կանխաւ

Ձեզ երախտապարտ։

[Թուական] * * *

---

11. Ժխտական պատասխանի

Սիրելի՛ բարեկամ,

Շատ կը ցաւիմ մերժելով Ձեր ինծմէ խնդրած ծառայութիւնը։ Այս պահուն գործ ունիմ այնպիսի անձերու հետ, որոնք ինծ չեն կրնար վճարել պահանջքներս, և հազիւ հիմակուան վիճակս կը ներէ իրական ծախքերուս։

Հաւատացէք իմ ցաւիս և անկեղծ բարեկամութեանս։

[Թուական] * * *

---

12. Նպաստաւոր պատասխան

Սիրելի՛ բարեկամ,

Մեծ հաճոյքով կը կատարեմ Ձեր խնդիրը։ Գիտցէք թէ երջանիկ կ'զգամ զիս Ձեզ որեւէ ծառայութիւն մը մատուցանելուս։

Կրնաք վստահիլ բարեկամութեանս։ Վաղը՝ հաճեցէք ներկայանալ գրասենեակս, ուր պատրաստ է որոշեալ դրամը Ձեր տրամադրութեան տակ։

[Թուական]

* * *

---

13. Բարեկամէ մը փոխառութիւն

Սիրելի՛ բարեկամ իմ,

Ներկայիս կը խնդրեմ Ձենէ ծառայութիւն մը. Ձեզ կը դիմեմ, որովհետեւ կը ճանչնամ զՁեզ իբրեւ բարեկամներուս ամենէն անձնուէրը։

Այս պահուն քիչ մը դրամական տագնապ կը կրեմ. այն վարչութիւն՝ որուն ներքեւ կը ծառայեմ, այս անգամ իր վճարումներն օրաձգեց։

Կը խնդրեմ Ձենէ ինծի փոխ տալ ... դրամ, զոր ամսաթոշակս ստանալուս Ձեզ կը վերադարձնեմ։

Կրնա՞ք ինծի այս ծառայութիւնը մատուցանել։ Եթէ այո՛, ապահով եմ որ այս կերպով կ'ընծայէք ինծի Ձեր բարեկամութեան նոր նշան մը։

Ձեզ երախտագէտ

[Թուական]

* * *

---

14. Կնոջ մը նամա՛կն իր ամուսնոյն ուղղեալ, ստակ խնդրելու համար։

Սիրելի՛ ամուսինս,

Ո՛րչափ ժամանակէ ի վեր մեկնած ես տունէ։ Իրաւի ես շատ երկար կը գտնեմ զայն առանց քեզի։ Նոյն իսկ մտահոգութեան մէջ եմ, քեզ նկատմամբ լուր չստանալով։

Թէպէտ քենէ հեռու, բայց միշտ մտքով կը հետեւիմ քեզ։ Գրէ՛ ինձ շուտ թէ ողջութիւնդ լաւ է, և թէ ինձ քիչ մը դրամ խրկէ՛։

Գիտես արդէն թէ վճարմունքդ հազիւ կը բաւեն մինչև այս ամսոյ վերջ մեր օրուան պէտքերուն և տան համար։

Կը յուսամ թէ քիչ ատենէն կը պատասխանես ինձ։ Շնորհակալութիւն։

[Թուական] * * *

---

15. Գիշերօթիկ աշակերտ մը իր հօրը ուղղուած դրամ խնդրելու համար։

Գորովագո՛ւթ հայր իմ,

Քառամսեայ քննութիւնն յաջող անցուցի։ Ներփակեալ վիճակացոյցս կը հաստատէ խօսքիս ճշմարտութիւնը։ Շատ լաւ է վիճակս։ Հոս ամէն բանէ գոհ եմ, Դասատուներն ալ ինծմէ գոհ կ'երեւին։ Միսիւ Պ...ր դասերուն ամէնէն աւելի կը հետեւիմ, առանց սակայն միւս դասերուս մէջ թերանալու։ Ո՛հ, մեծ փափաքս է բժիշկ մը ըլլալ և մեր քաղաքին մէջ ծառայել։ Հոս Պոլսոյ մէջ բժիշկներ շատ կան, մինչդեռ մեր քաղաքին մէջ հազուագիւտ են։

Սիրելի՛ հայր իմ, անցեալ օր Տնօրէն էֆէնտին իր սենեակը կանչեց զիս և քաղցրութեամբ յիշեցուց դպրոցին օրէնքը վճարմանց մասին։

Ես ալ խոստացայ գրել Ձեզ։ Կ'աղաչեմ շուտ խըրկէք այս տարեկանը։ Շատ անհանգիստ եմ այս մասին։ Ղրկեցէք Պոլիս Պ. Սարգսի. ես անկէ կ'երթամ կ'առնեմ։

Շուտ պատասխանեցէք նամա՛կիս.

Կը համբուրեմ Ձեր և քաղցրիկ մօրս ձեռքերն, եղբայրներուս և քոյրերուս աչքերը։

Հնազանդ որդիդ

[Թուական] * * *

---

16. Նամակ տան տիրոջ մը՝ տան վարձքը վճարելն յապաղելու մասին։

Տէ՛ր,

Պարտք ունիմ Ձենէ խնդրել երկարաձգում տանը վարձքը վճարելու մասին։

Գիտէք թէ նիւթական անձկութիւն մը ունինք. աշխատութիւննիս դադրած է և կինս ու որդիքս քաջառողջ չեն։ Մինչև դարդ խղճամիտ ճշդութեամբ վճարած եմ Ձեզ, և վստահ եղէք թէ պիտի շարունակեմ այնպէս, եթէ հաճիք ինծի տալ պայմանաժամ մը։

Յարգանօք

[Թուական] * * *

---

17. Նամակ տան տիրոջ մը ուղեալ՝ խնդրելու համար անկէ վարձելու պայմանագրին երկարաձգումը։

Տէ՛ր,

Մեր վարձած տան պայմանաժամը ներկայիս կը լրանայ, և հիմայ կ'ուզեմ գիտնալ թէ ասկէ վերջն ալ կը հաճի՞ք տան պայմանագիրը նորոգել։ Ես կը փափաքիմ երկարաձգել պայմանաժամն միեւնոյն պայմաններով։

Չեմ տարակուսիր թէ կ'ընդունիք մեր խնդիրքն ի նկատ առնելով մեր բարւոք յարաբերութիւնները։ Սակայն կ'աղաչեմ որ շուտով պատասխանէք ինձ, վասն զի եթէ ուրիշ նկատումներ ունիք, կ'ուզեմ կանուխէն ինձ տեղ գտնել։

Հաճեցէք ընդունիլ յարգանքներս։

[Թուական] * * *

---

18. Նամակ տան տիրոջ մը ուղղեալ վարձակալի մը կողմէ անոր տունէն ելնելու առթիւ։

Տէ՛ր,

Անակնկալ պարագայ մը կը ստիպէ զմեզ թողուլ Ձեր տունը։

Չեմ կարծեր որ մեր ելնելովը Ձեզ մեծ վնաս պատճառէ. որովհետև մեր կողմերը հետզհետէ յարգ կ'ընդունին և տուներուն գիները կ'աւելնան, և չեմ տա-

րակուռիր թէ անմիջապէս նոր վարձկալ մը պիտի գտնէք։

Նոյնպէս համոզուած եմ թէ կը հաւանիք խնդրանացս. մեր բարւոք յարաբերութիւնները այս մասին երաշխաւորութիւններ են ինձ։

Ձեր պատասխանին սպասելով, Տէ՛ր, պատիւ ունիմ զՁեզ ողջունել։

Խորին յարգանօք

[Թուական] * * *

---

19 Գործ խնդրել։

Սիրելի՛ բարեկամս,

Համարձակութիւն ունիմ այս պահուն Ձենէ օգնութիւն մը խնդրել։ Կը դիմեմ Ձեզ, որպէս զի բարեհաճիք Ձեր վարչութեան ներքև առնուլ զիս։ Ապահով եղէք թէ պաշտօնս ո՛րչափ խոնարհ ըլլայ, զիս պիտի ուրախացնէ և ասկէ վերջ պիտի նկատեմ զՁեզ ինձ բարերար։

Ընդունեցէք նախ և առաջ բարեկամի մը շնորհակալութիւններն։

[Թուական] * * *

---

20. Դարձեալ նոյն նիւթ։

Գերազնիւ Տէ՛ր,

Ներեցէք որ համարձակիմ Ձեր Ազնուութեան դիմել ներկայիւս, Ձեր հանրածանօթ մարդասիրութենէն քաջալերուած և աղաչեմ որ նուաստիս սոյն աղերսին Ձեր բարձր ուշադրութիւնը նուիրելու շնորհը ընէք։

Ստորագրեալս, երբեմն գործակատար (այս անուն) վաճառատան, իմովանին չորս տարիներ աշխատած եմ հոն ամենայն հաւատարմութեամբ և աշխուժիւ։

Բայց հիմայ բաւական ժամանակէ ի վեր անգործ կը տառապիմ ու կը տառապին ինձ հետ կին և որդիք։ Աւելորդ կը նկատեմ տխուր վիճակս պատկերացնող ու կարեկցութիւն հրաւիրող խօսքերով յուզել Ձեր ազնիւ սիրտը, միայն կ՚աղաչեմ որ հաճիք ընդունիլ զիս Ձեր ընդարձակ գործառնութեանց մէջ, ուր հաւատարմութեանս և աշխատութեանս գեղեցիկ ապացոյցներ պիտի գնահատուին անշուշտ Ձեր Ազնուութենէն և ես իսկ ընտանեօք՝ Ձեր քաղցր պաշտպանութեամբ երջանիկ՝ Ձեզ պիտի նուիրեմ ջերմ երախտագիտութիւնս և օրհնութիւններս Ձեր թանկագին կենաց և բարեհամբաւ գերդաստանին։

Ն. Ծ.

*
* *

---

21. Վարձակալի մը նամակը՝ որ ժամանակ կը խնդրէ իր տանուտէրէն։

Տէ՛ր,

Գիտէք թէ այս տարի մեր ցորենները կորսուեցան դէշ եղանակներու պատճառաւ։ Ասով չկրցայ վճարել որ և է գումար պարտքիս համար։ Երախտապարտ պիտի ըլլամ Ձեզ, եթէ հաճիք երկարել պայմանաժամը։

Վճարմանց մասին ցարդ ունեցած ճշդապահութիւնս ինձ յոյս կուտայ թէ պիտի հաճիք իմ խնդիրքս չմերժել։

Յարգանօք առ Ձեզ

[Թուական] * * *

---

22. Ուրիշ նամակ վարձակալի մը իր տանտիրոջ ուղղեալ՝ մեծ աղէտէ մը յետոյ։

Տէ՛ր,

Սոսկալի ուրական մը երէկ քիչ ժամանակի մէջ աւերեց մեր գաւառները։ Նա անցաւ իբրև իրական թաթառ մը և ջրով ծածկեց, տապալեց տուներ, պըտուղատու ծառեր, և հողը բոլորովին տակնուվրայ ըրաւ։ Այլ ևս հունձք չէ մնացած, և այս այնքան արագահաս եղաւ որ չկրցանք ազատել արջառներն։ Ագարակին պատերը ամէն կողմէ փլած են. հարկ է հիմէն նորոգութիւն։ Մեր կարասին ամբողջովին կորսուած է։ Վերջապէս ընդհանուր աւեր մը։

Լսած էք անշուշտ այս մեծ աղէտքն, որուն զոհն ինչպէս մենք, նոյնպէս դուք էք. որովհետև այս արկածը ինձմէ կը խլէ ամէն հարստութիւն։ Սակայն և այնպէս, ամէն հարստութենէ զուրկ, որ իմ աշխատութեանս պտուղն էր, կը յուսամ վերստին շահիլ զայն վստահելով Ձեր բարեսրտութեան վրայ։

Այս յուսով պատիւ ունիմ ըլլալու Ձեր երախտագէտ վարձակալն։

[Թուական] * * *

---

23. Նամակ հիւսան մը իր տանտիրոջ ուղղեալ՝ իր պահանջին մասին։

Տէ՛ր,

Հակառակ անխոնջ աշխատութեանս, ահա երեք-ամիսներ անցան, ուրկէ ի վեր որևէ գումար չեմ ընդունած Ձենէ։ Ինքնին կրնաք հասկնալ թէ ո՛րչափ դժուարին է ինծի սպասել օրականներուս գանձման համար։ Կ'աղաչեմ որ՝ այս շաբթու վերջ վճարել հաճիք ինծի առնելիքներս գէթ կէսը։ Մնացորդը կրնաք ուշացնել քիչ մը ատենի համար։

[Թուական]

* * *

---

24. Նամակ փաստաբանի մը ուղղեալ։

Տ.

Կը հաճի՞ք ստանձնել այն գործն՝ որ ինծի համար շատ կարևորութիւն ունի։ Ձեր վայելած գերազանց համբաւը կը ստիպէ զիս դիմել Ձեզ (կարճ ի կարճոյ եւ յստակօրէն յայտնել խնդիրն։) Անշուշտ պիտի հաճիք ստանձնել այս գործն. ուստի կ'աղաչեմ Ձեզ, և թէ ի՛նչ ձև պարտիմ վճարել Ձեր փոխանորդագրին համար։ Հաճեցէք նոյնպէս ինծի ըսել թէ նախնական ծախուց համար ո՛րչափ դրամ պէտք է վճարել։

Խորին մեծարանօք.

[Թուական]

* * *

---

25. Նամակ հրդեհի ապահովագրութեանց ընկերութեան մը ուղղեալ։

Տէ՛ր,

Ձեզ՝ իբրև ներկայացուցչի ապահովագրական ... ընկերութեան՝ կը փութամ ծանուցանել այն արկածն՝ որուն զոհ գնաց տունս։

(Կարճ ի կարճոյ եւ յստակօրէն պատմել պատահածը, իր մանրամասնութիւններն, եւ այլն։)

Նամակիս կը կցեմ թաղապետութեան վկայագիրն՝ որ կը հաստատէ թէ մեր տունէն չէ ծագած հրդեհը։ Իմ ապահովութեանս մուրհա՛կը (ըսէք մուրհակին թիւը եւ ամսաթիւը) *կ'ապահովէ ինձ 200 ոսկի Թրք.։ Գործակալն զոր պիտի հաճիք յղել ինձ, պիտի բերէ ինձ ի հարկէ վերոյգրեալ գումարն։*

Ձեր հնազանդ ծառայն

[*Թուական*]

* * *

---

26. Վաճառք խնդրել։

Տէ՛ր,

Ներկայս ընդունելուդ պէս հաճեցէք երկաթուղիով խրկել հետևեալ ապրանքներն՝

....

....

....

....

Վստահ եմ թէ այն զանազան ապրանքներու մասին լաւ ընտրութիւն պիտի ընէք և այնպէս ծրարէք զանոնք։

[Թուական]

* * *

---

27. Ապրանք ղրկելն իմացնել։

Տէ՛ր,

Պատիւ ունիմ Ձեզ իմացնել թէ Անդրիանուպոլսոյ երկաթուղիով Ձեզ կը ղրկեմ Ձեր խնդրած մի քանի տեսակ ապրանքներ, որոնց ցուցակը ներփակ կը գտնէք։

Ձեր ընդունելէն յետոյ հաճեցէք հաշիւները կարգադրել մինչև ներկայ ամսոյս վերջն։

Ընդունեցէք, Տէ՛ր, մեր խորին յարգանքներն։

[Թուական]

* * *

---

28. Դրամ վճարել հրամայել ուրիշի մը։

Տէ՛ր,

Կը համարձակիմ Ձեզ ներկայացնել դրամատոյցս, Պ. Պետրոս Սուաքելեան, որ Մարսիլիոյ ճամբով Զմիւռնիա պիտի երթայ, ուր հաւանականաբար քիչ մը ատեն պիտի մնայ՝ մինչև որ գործերը կարգադրէ։

Եթէ Պ. Պետրոս դրամի պէտք ունենայ, Ձեզ կը թոյլատրեմ իմ հաշուոյս և Ձեր ծախքերը հանելէ վերջ մինչև 2000 Ֆրանք տալ իրեն, որուն փոխարէն հաճեցէք տեսօրէն երկու օր վերջը վճարելի իմ վրաս փոխանակագիր քաշել:

Ընդունեցէք կանխաւ շնորհակալիքս:

Ձեր անձնուէր ծառայն

[Թուական]

* * *

29. Պատասխան վերոյգրելոյն:

Տէ՛ր,

Անցեալ ամսոյ ... ին մեր նամակը հաստատելով, պատիւ ունինք Ձեզ իմացնել թէ Պ. Պետրոս Առաքելեան երէկ մեր գրասենեակը եկաւ, և 2500 ֆր. վճարեցինք իրեն, մեր ծախքերը հանելէ վերջ, ի հաշիւ այն վարկին, զոր իրեն համար բացած էք մեր վրայ:

Ներփակեալ Ձեզ կը խրկենք Պ. Առաքելեանի ընկալագիրը, և միանգամայն Ձեզ կ'իմացնենք թէ յիշեալ գումարին համար տեսօրէն տասն օր վերջը վճարելի փոխանակագիր քաշեցինք Ձեր վրայ:

Հաճեցէք ընդունիլ զմեզ Ձեր անձնուէր ծառայն:

[Թուական]

* * *

30. Վաճառատան մը մասին կարծիք հարցունել:

Տեա՛րք,

Ձեզի երախտապարտ պիտի ըլլայինք, եթէ հաճէիք թղթաբերին վերադարձին հաղորդել մեզ Ձեր կարծիքն պատուաւորութեան մասին այն վաճառատան՝ որուն անունը պիտի գտնէք առկցեալ թուղթին վրայ:

Այս տան հետ ապրանքի մեծ գործ մ'ընելու վըրայ ենք, և կը փափաքինք գիտնալ թէ մինչև ո՛ր աստիճան ապահովութեամբ կարելի է գործել: Վըստահ եղէք թէ ինչ որ պիտի հաճիք հաղորդել մեզ այս մասին մեր մէջ պիտի մնայ:

Յարմար առթիւ պիտի փութանք նմանօրինակ ծառայութիւն մը մատուցանել Ձեզ:

Ընդունեցէք, Տեա՛րք, մեր յարգալից բարևներն:

[Թուական] * * *

31. Վաճառատան մը պատուաւորութեան մասին վարանոտ պատասխան տալ:

Տեա՛րք,

Կը ցաւինք որ Ձեր ... պատասխանին մէջ խնդրոյ նիւթ եղող տան մասին ստոյգ տեղեկութիւններ չպիտի կրնանք հաղորդել Ձեզ: Երկար ատենէ ի վեր այդ պարոններուն հետ գործելու առիթ չենք ունեցած: Եթէ հրապարակին վրայ շրջող զրոյցներուն նայինք, վերջերս մեծամեծ գործառնութեանց մէջ նետուեր են, որոնք համեմատական չեն իրենց կարողութեան հետ: Միւս կողմէն՝ մենք անձամբ գիտենք թէ միշտ կանոնաւոր եղած են իրենց վճարմանց մէջ: Կը հետևի թէ կը վարանինք զՁեզ յորդորելու կամ զգուշացնելու անոնց հետ գործ ընելու:

Յուսալով որ ուրիշ առթիւ աւելի օգտակար կըրնանք ըլլալ Ձեզ՝ Մնամք Տեարք,

Ձեր անձնուէր ծառաներն

[Թուական] * * *

32. Անձի մը նկատմամբ լաւ խօսիլ։

Տէ՛ր,

Ի պատասխանի Ձեր ամսոյս ... ի պատուականին, ուրախ եմ կարենալ Ձեզ իմացնելուս թէ Պ ... հոս հաստատուած հինգ տարիէ ի վեր, մեր հրապարակին վրայ ընդհանուր յարգանք և վստահութիւն կը վայելէ, և թէ ես յօժարակամ պիտի տայի իրեն աւելի երկար ու մեծ վարկ մը անկէ աւելի՝ զոր Ձեզմէ կը խնդրէ։ Լուրջ և պարտաճանաչ մարդ մը ճանչցըուած է և ցայսօր ըրած բոլոր գործառնութիւններն՝ խելացի և բաւական աղէկ վիճակի տէր վաճառական մը ըլլալը կ'ապացուցանեն։

Այս տեղեկութիւններն ուղամծնուդ պէս գործածեցէք, և հաւատացէք զիս, Տէր և բարեկամ,

Ձեր անձնուէր ծառայ

[Թուական] * * *

---

33. Անձի մը նկատմամբ տեղեկութիւն խնդրել։

Տէ՛ր,

Վստահ միանգամայն Ձեր բարեկամութեան և գաղտնապահութեան վրայ, կը համարձակիմ Ձեզ դիմել տեղեկութիւն մը ստանալու համար։

Տեղւոյդ ... անուն անձէն 40,000 ֆրանքի յանձնարարութիւն մ'ընդունած եմ, որուն կէսը կանխիկ և կէսը 3 ամիսէն վճարելի։ Բայց որովհետև այս անձը բնաւ չեմ ճանչնար և չեմ ուզեր գործի մէջ նետուիլ՝ առանց գիտնալու թէ ի՛նչ տեսակ մարդոց հետ է գործս, կուզամ խնդրել որ հաճիք անկեղծօրէն ինձ ըսել թէ կրնա՞մ ապահովութեամբ ապրանքս յանձնել։

Պիտի յետաձգեմ պատասխանել ... էֆէնտիի նամակին, մինչև որ Ձենէ պէտք եղած տեղեկութիւններն ստանամ։ Կրկնապէս երախտապարտ պիտի ընէք զիս եթէ հաճիք կարելի եղածին պէս շուտ հաղորդել զայն։ Գաղտնապահութեանս վրայ վստահ եղէք և ոչ մէկուն պիտի հաղորդեմ ինչ որ իբր գաղտնիք կը խնդրեմ Ձենէ։ Հաւատացէք թէ առիթը ներկայանալուն նոյնպիսի ծառայութիւն ես պիտի մատուցանեմ Ձեզ։

Ձերդ ի սրտէ

[Թուական] * * *

---

34. Պահանջք խնդրել։

Տէ՛ր,

Պատիւ ունեցանք քանիցս Ձեզ գրել մեր հաշւոյն գումարը պահանջելու համար. բայց դուք ոչ պատասխանեցիք և ոչ ալ մեր խնդիրը կատարեցիք։

Այլ ևս չկրնալով սպասել՝ Ձեզ կ՚իմացնենք թէ գործը դատարան յանձնած ենք. որովհետև անպատճառ կարգադրութիւն մը պէտք է մեզի, նկատելով որ մենք ալ շատ վճարումներ ունինք ընելիք յառաջիկայ ամսոյ 15ին։ Կը յուսանք թէ կ՚ըմբռնէք մեր այս ստիպողականութիւնն՝ որ մեզի խիստ լեզու գործածել կուտայ և թէ մեր յարաբերութիւններ չեն վը-նասուիր։

Ընդունեցէք մեր բարեւներն

[Թուական]

* * *

---

35. Փաստաբանի մը ուղղուած։

Տէ՛ր,

Տեղւոյս կօշկակարներէն Պ...ի դէմ դատավարելու համար պէտք եղած թղթերն Ձեզ կը խրկեմ։ Անպատճառ վճարելն կ'ուզեմ, և բնաւ տրամադիր չեմ չնորհում ընելու, մանաւանդ թէ այս մարդը դիւրակեաց է, և իր պարտքը վճարել չուզելուն համար չեմ ուզեր ես վնասել։

Ամէն միջոց ձեռք առէք, կ'աղաչեմ, և առանց յապաղման։

Ձեր ամենախոնարհ ծառայն

[Թուական]

* * *

---

36. Ծանուցագիր։

Կ. Պոլիս

Տէր.........ի Սամսոն

Տէր,

Պատիւ ունեցանք ընդունելու Ձեր նամակն, որով կ'իմացնէք թէ Պ. ի 500ֆր.ի վարկագիր մը տուած էք մեր տան վրայ։

Ձեր հրահանգները կէտ առ կէտ պիտի գործադրուին։ Հաճեցէք ընդունիլ մեր յարգանքներն։

[Թուական] * * *

37. Ծանուցագիր։

Կ. Պոլիս

Մեծ. .... ի Նիկոմիդիա

Տէ՛ր,

Կը համարձակիմ Ձեր տան վրայ վարկ մը բանալ նամակաբերիս .... ։

Հաճեցէք իրեն վճարել որչափ դրամ որ ուզէ, մինչև .... ֆրանք, ի փոխարէն իր ընկալագիրներուն, կամ փոխանակագիրներուն՝ զորս ուզէ քաշել մեր տան վրայ Ձեր հրամանին, որն որ Ձեզի հաճոյ ըլլայ։

Ընդունեցէք մեր յարգանքներն։

[Թուական] * * *

38. Այլ ծանուցագիր

Պրուսա

Մեծապ. .... ի Քոնիա

Տեա՛րք,

Ներկայիւս Ձեզ կ'իմացնեմ թէ .... ի վարկագիր մը տուած եմ Ձեր տան վրայ .... ֆրանքի։

Հաճեցէք ի նկատի առնուլ զայն ի պատիւ իմ ստորագրութեանս։

Մնամ, Տեա՛րք, Ձեր խոնարհ ծառայն

[Թուական]

* * *

---

39. Ապրանքի մը յանձնարարութեան մասին. շնորհալիք:

Տէ՛ր,

Ներկայ ամսոյ ……………… ի Ձեր պատուականուն ինձ գրուած յանձնարարութենէն շատ գոհ մնացի և աղաչելով այս մասին իմ անկեղծ շնորհակալիքս ընդունիլ, ներկայիս կը կցեմ հաշուեցուցակն այն ապրանքներուն՝ զորս անմիջապէս Ձեզ խրկեցի։

Ապրանքն բոլորովին համաձայն պիտի գտնէք նըմոյշին, և կը յուսամ թէ Ձեր գոհունակութիւնը պիտի յայտնէք անոր նկատմամբ՝ ի մօտոյ նոր յանձնարարութիւն մ'ալ տալով ինձ։

Խորին յարգանօք

---

40. Տան մը սնանկութիւնը ծանուցանել:

Տէ՛ր,

Ցաւօք սրտի կը ծանուցանեմ Ձեզ ... Եղբարց տան սնանկութիւնը։

Դժբաղդաբար մեծ պահանջք ունիմ իրենց վրայ։ Որովհետև դուք ալ առնելիք ունիք, կը փութամ Ձեզ ծանուցանել, որպէս զի պէտք եղած միջոցները ձեռք առնէք։ Այս մասին ինչ որ պատահի, փոյթ պիտի տանիմ Ձեզ տեղեկացնելու։

[Թուական]

* * *

41. Պատասխան։

Տէ՛ր,

Մեծապէս շնորհակալ եմ Ձեզ ... Եղբարց տան վրայ Ձեր ինծի տուած տեղեկութեանց համար։ Մեծ զարմանք չպատճառեց ինծի այս բանը, իմացած ըլլալով արդէն թէ իրենց երկու փոխանակագրերն բողոքի առիթ տուած էին։

Որովհետև նոյն քաղաքին մէջ կը գտնուիք, շնորհապարտ պիտի ըլլամ Ձեզ եթէ հաճիք զիս ներկայացնել այս գործին մէջ. այս մասին Ձեզ կը խրկեմ իրենց հաշիւն հանդերձ փոխանորդագրով։ Սակայն եթէ կրնաք կարգադրութեան մը յանգիլ, կամ պայմանաժամ մը շնորհելով իրենց և կամ ամբողջ պարտքին վրայ 25 կամ 30 առ հարիւր զեղչ մ'ընելով, աւելի աղէկ է քան թէ դատի մտնել։ Ինչ որ ալ ըլլայ, Ձեր վրայ այնքան վստահութիւն ունիմ, որ կատարելապէս կ'ապաւինիմ Ձեր խոհեմութեան։ Գործեցէք ինծի համար այնպէս՝ ինչպէս պիտի գործէիք Ձեր անձին համար, և հաւատացէք զիս,

Ձերդ, ևայլն

[Թուական]

* * *

42. Զեկոյց

Երիտասարդ մը, քաջահմուտ վաճառականութեան, և որ հինգ տարի Պոլսոյ ամենէն նշանաւոր վաճառատանց միոյն մէջ պաշտօն վարած է, պաշտօն մը կը փնտռէ. Ամենալաւ տեղեկութիւններ կրնայ տալ։ Դիմել նամակով ... փողոց ... թիւ ...։ Պատասխանն անմիջապէս։

Յ. Գ. — Աղէկ Անգլիերէն ալ կը գրէ ու կը խօսի։

---

43. Պայմանագրի օրինակներ։

Ստորագրեալներուս, Բերա ... փողոց ... թիւ ... բնակող վաճառատան ... ի միջև։

Եւ միւս կողմէն, Բերա ... փողոց ... թիւ ... բնակեալ՝ վաճառական ...ի միջև։

Հետեւեալն պայմանագրուած է։

Յօդ. Ա. — Վերոյիշեալ անձանց միջեւ հաւաքական ընկերութիւն մը կազմուած է, ամէն տեսակ ապրանքի վաճառականութիւն ընելու համար, յանձնարարողչէքով զոր ցարդ Պ. ... առանձին կ՚ընէր։

Յօդ. Բ. — Դրամագլուխը երեք հազար ֆրանք պիտի ըլլայ, և կէս առ կէս պիտի դնէ ընկերաց իւրաքանչիւրն. տրուած դրամագլուխը կրնայ դրամ կամ ընկերութենէն ընդունուած ուրիշ արժէթուղթ ըլլալ։

Յօդ. Գ. Ընկերութեան անունը պիտի ըլլայ...։

Ընկերակիցներուն իւրաքանչիւրը պիտի կրնայ ստորագրել, բայց այդ ստորագրութիւնը միմիայն ընկերութեան գործերուն համար պիտի կրնայ գործածուիլ։

Յօդ. Դ. — Ընկերութիւնն հաստատուած է Բերա ... փողոց ... թիւ։

Յօդ. Ե. — Ընկերութիւնը պիտի տեւէ տասը տարի, և պիտի սկսի յառաջիկայ Մարտ 1էն հաշուելով։

Յօդ. Զ. — Ընկերակիցներէն և ոչ մին պիտի կըրնայ իր հաշուոյն գործ ընել, որովհետև բոլոր իր խընամքներն ընկերութեան գործերուն պէտք է նուիրէ։

Յօդ. Է. — Շահերու բաժանումը կէս առ կէս է։

Յօդ. Ը. — Ընկերակիցներուն իւրաքանչիւրը պիտի կըրնայ՝ իր ընկերակցին հաւանութեամբ՝ ընկերութեան սնտուկը դնել, ընթացիկ հաշուով, ուզածին չափ գումար. ընկերութիւնը տարեկան 6% տոկոս պիտի տայ իրեն այս գումարին համար. գոնէ ամիս մը առաջ ընկերութեան չիմացուցած՝ գումարը չպիտի առնու։

Յօդ. Թ. — Ամէն ամիս, իւրաքանչիւր ընկեր ... պիտի առնէ. այս առնուած դրամները ընդհ. ծախքի հաշուոյն պիտի անցնին։

Յօդ. Ժ. — Ընկ. լիքիտասիոնը ընկերներու միոյն կողմէ պիտի ըլլայ, և աւելի անոր կողմէ՝ որ ընկերութեանս վաճառականութիւնը պիտի շարունակէ։

[Գրեալ ի Բերա Թուականն] Ստորագրութիւնք

* * * * * *

44. Պայմանագրի ուրիշ օրինակ։

Ստորագրեալներս՝ ... մեծաքանակ փայտի վաճառական, բնակեալ ի Բ...ի փողոց, ... թիւ, մէկ կողմէն, և ... կալուածատէր, բնակեալ ի ... փողոց, ... թիւ, միւս կողմէն՝

Հետեւեալ պայմանները կնքած ենք.

Յօդ. 1. — Ես ..., կը յայտարարեմ գլխագրութեամբ ընկերանալ Պ. ...ի հետ, մեծաքանակ փայտի վաճառականութեան մէջ՝ զոր կ'ընեմ ի ... ուր պիտի հաստատուի ընկերակցութիւնը, բաժնելու համար, հետագայ եղանակով, յիշեալ վաճառականութենէն պատահելիք վնասները, սակայն այնպէս որ ինչ որ ալ ըլլան այս վնասները՝ Պ. ...ի նկատմամբ, իր դրած դրամագլուխը չ'անցնին։

Յօդ. 2. — Ներկայ ընկերութիւնս ... տարուան համար կնքուած է, սկսեալ ի ... ց ...։

Յօդ. 3. — Ընկերութեանս բոլոր տեւողութեանը միջոցին՝ յիշեալ վաճառականութենէն յառաջ գալիք ամէն տեսակ շահերու եւ վնասներու կիսոյն միայն մասնակից պիտի ըլլայ Պ. ...։

Յօդ. 4. — Ես ..., կը խոստանամ յիշեալ ...ի վճարել ... գումար, հետեւեալ ժամանակամիջոցներուն։ Յիշեալ ... գումարը, ընկերութեանս ամբողջ տեւողութեան միջոցին, յիշեալ Պարոն ... ի տրամադրութեան տակ պիտի ըլլայ, եւ ամբողջ ինք պիտի գործածէ Ընկ. վաճառականութեան գործերուն մէջ։

Յօդ. 5. — Պ. ... առանձին պիտի վարէ ընկերութիւնս։ Հետեւաբար, ինք պիտի ընէ գնումները եւ վաճառումները, ինք պիտի ընտրէ ծրագիրները եւ ընկերութեանս միւս գործակալները, եւ պիտի տեսնէ միւս վարչական գործառնութիւնները։ Պարոն Մ ... եւ ոչ մէկ կերպով պիտի կրնայ յիշեալ ընկերութեան գործերուն խառնուիլ։

Յօդ. 6. — Ընկերութեանս անունը պիտի ըլլայ ...։ Միայն Պարոն ... պիտի ստորագրէ ընկերութեան անունով, և այդ ստորագրութիւնը միայն ընկերութեան պէտքերուն համար պիտի կրնայ գործածել։

Յօդ. 10.— Ընկերութեանս պայմանաժամը լրանալուն, Պարոն Մ... իր դրած դրամագլխոյն գումարը և անոր ինկող շահերուն բաժինը պիտի ընդունի. եթէ վնաս ըլլայ, իր դրած դրամագլուխն պիտի ընդունի, անոր ինկող վնասը մէջէն հանուելէ վերջ.

[Թուական] Ստորագրութիւնք

ԸՆԴԼԱՅՆԵԼԻ ՆԻՒԹԵՐ

1. Առեւտրական նամակ. — *Գիւղը կը բնակիք եւ սովորութիւն ունիք տարեկան նպարը մէկանց գնելու. գրեցէք այն նպարավաճառին որմէ կը գնէք սովորաբար, յանձնարարելով իրեն ձեր պէտք ունեցած նպարեղէնքը.*

2. Առեւտրական նամակ. — *Հայրերնիդ՝ որ անդամալոյծ է եւ չկրնար գրել մէկու մը՝ որուն ստակ փոխ տուած է եւ որ տոկոսները դեռ չէ վճարած. Ամենայն քաղաքավարութեամբ կը գրէք եւ կը հրաւիրէք այդ անձն՝ որ մէկ մ'ալ չուշացնէ պարտքը վճարել.*

3. Առեւտրական նամակ. — *Ձեր մայրն՝ որ այս միջոցին շատ զբաղած է, ժամանակ չունի գրելու նպարավաճառի մը՝ որուն յանձնարարութիւն մ'ունի ընելիք. ձեր մօր տեղ դուք կը գրէք, մի՛ մոռնաք նշանակել ուզուած ապրանքներուն գինն ու քանակութիւնը:*

4. Վաճառականական նամակ. — *Վաճառական մը նոր տուն մը կը հաստատէ իր մէկ գործակատարին համար՝ որ երկար տարիներէ ի վեր իրեն քով ծառայած էր հաւատարմապէս: Որդ այս տունը իր բոլոր թղթակիցներուն կը յանձնարարէ.*

5. Հնարիչի մը նամակ. — *Հնարիչ մը՝ որ գիւտ մը ըրած է, կ'ուզէ վաճառել զայն վաճառականի մը. ուստի նամակով կ'առաջարկէ զայն՝ իր գիւտին առաւելութիւնները ցուցնելով.*

6. Տեղեկութիւն խնդրել. — *Սեղանաւոր մը՝ որ արհեստաւորի մը փոխառութիւն պիտի ընէ, իր մէկ բարեկամին կը դիմէ գրաւոր կերպով ու կ՛ուզէ տեղեկութիւն ստանալ՝ փոխ դրամ խնդրող արհեստաւորին նիւթական վիճակին վրայ։*

7. Վաճառականական. — *Վաճառական մը՝ որ հրապարակի վրայ երկար ժամանակ պատուաւոր կերպով գործ տեսած է, մեռած ըլլալով, ուրիշ մը անոր կը յաջորդէ եւ նոյն վաճառատան բոլոր թղթակիցներուն կ՛իմացնէ թէ ինք յարաբերութիւններ պիտի ունենայ իրենց հետ։*

9. Որդի մը իր հօրը. — *Թադէոս, զոր իր հայրը գիշերօթիկ վարժարան մը դրած է կարելի եղածին չափ կատարեալ կրթութիւն մը առնելու համար, կ՛իմանայ թէ նիւթական մեծ կորուստներ ունեցած են իր ծնողքը եւ անձկութեան մատնուած. Իսկոյն կը գրէ անոնց եւ կը խնդրէ հրաժարիլ դպրոցէն վաճառատուն մը մտնելու համար. Ասով կը յուսայ շուտով դրամ շահիլ, եւ ընտանիքին անձկութեան դարման տանիլ։*

10. Պատասխան վերինին. — *Թադէոսի հայրը կը պատասխանէ թէ ընտանիքը արտասուելու չափ յուզուած է անոր առաջարկը լսելով։ Խնայութիւններ պիտի ըլլան, որպէս զի Թադէոս իր ուսումը աւարտէ։ Հայրը կը յուսայ թէ որդին պիտի ջանայ օգտուիլ իր ընդունած դասերէն։*

ԳԼՈՒԽ Դ.

ԱՂԵՐՍԱԳԻՐԵՐ

Դիտողութիւն. — *Ինչպէս որ խնդրանաց տեսակին մէջ բազում նուրբ զանազանութիւններ եւ խտրութիւններ կան, նմանապէս հարկ է ուշադիր ըլլալ նամակագրական աստիճանաւորեալ կամ զանազանեալ պատշաճութեանց, ձեր բաղձանաց բնութեան եւ պատուոյն համեմատ եւ յարաբերութեանց ու կապակցութեանց աստիճանին համեմատ, որք կան ձեր եւ այն անձանց մէջ, որուն կը դիմէք։*

Եթէ օրինակի աղագաւ աստիճանաւոր անձ մը ըլլայ որմէ շնորհ մը կը խնդրէք, ձեր ոճը պէտք է ոչ միայն պատկառոտ ըլլայ, այլ նաեւ ճարտար ողոքանօք խառնուած։ Այսպիսի դէպքի մէջ խունկին անուշութիւնը գործը չպիտի աւրէ։ Եւ սակայն անարգ շողոքորթ մը մի՛ ըլլաք. արհամարհանք եւ նուաստացուցիչ մերժում մը կրնան յառաջ գալ ձեր գծուծ ապիկարութեան պատճառաւ։ Թող ձեր գովեստը պատճառաբանեալ եւ ճարտարութեամբ քօղարկեալ ըլլայ. հպարտութիւնը ձեզ պիտի նպաստէ եւ գաղտնապէս պիտի ախորժի ձեր գովեստներէն։ Ձեր խնդրանաց առարկայն ընդհուպ պիտի շնորհուի, եւ երբեմն գգուեալ սնապարծութիւնն է մանաւանդ որ զձեզ պիտի գոհացնէ քան թէ բարեսրտութիւնը։

Բայց եթէ բարեկամէ մը բան մը խնդրելու պարագային մէջ ըլլաք, գործը բոլորովին տարբեր կ՚ըլլայ։ Անկեղծութիւն, հաւասարութեան կատարեալ ոճ եւ ոգի մը պէտք է. նա զձեզ կրնայ արհամարհել, եթէ ձեր նամակին մէջ զինքը ձեռնէ վեր բարձրացնէք։ Կան նաեւ խնդիրներ, որք իրենց բնութեամբ պարզ քաղաքավարութիւն միայն կը պահանջեն. կան նաեւ ուրիշ կացութիւններ, յորս մտացի զուարթութիւն մը երբեմն լիուլի յաջողութիւն յառաջ պիտի բերէ։ Աղաչանք ընդունող մարդը կը ժպտի եւ ոճոյ յիմարութեանց կը շնորհէ ինչ որ գուցէ զլանար բուն խնդրոյն։

1. Քահանայի ձեռնադրութիւն խնդրելու աղերսագիր։

Ամենապատիւ Ս. Հայր

Նախագահ Կրօն. Ժողովոյ Ազգ. Կեդր. Վարչ.

Ստորագրեալքս, ամենախոնարհ որդիք Ձեր ... գիւղի, համարձակութիւն կ՚առնենք հրաւիրել Ձեր բարձր ուշադրութիւնն հետեւեալ տողերու մասին։

Թերեւս ծանօթ է Ձեր Սրբազնութեան թէ մեր գիւղի քահանան, այր սրբակրօն և երկիւղած, Հայրն Թադիկ հերու վախճանեցաւ խոր ծերութեան մէջ։ Անկէ ի վեր գիւղացիքս զուրկ ենք կրօնական պաշտամունքէ, վասն զի եկեղեցին փակուած է։ Շատ երախայք յաճախ կը մեռան անկնունք, հարսանեկան հանդէսներ դադրած, նոյն իսկ մեռելոց գերեզմաններ երիցու օրհնութեանց չեն արժանացած։ Ի՜նչ աղիողորմ վիճակ է պառաւ կիներու՝ որոնք անհաղորդ կը մեռան, և զղջման արցունք կը թափեն փակեալ եկեղեցւոյն դրան առջև, և կը վախնան զի իրենց գերեզման ևս չօրհնուի։

Իրաց այս վիճակին յաջող ելք մը տալու համար խորհեցանք գիւղիս ուսուցիչը քահանայութեան կոչել տալ, և այս պատճառաւ յղել զինքը Պոլիս, որպէս զի ներկայանալով Պատկ. Կրօնական Ժողովոյ ատենին՝ պարտուպատշաճ քննութեամբ յայտնէ իր ձեռնհասութիւնն այդ սրբազան պաշտօնին։ Կրօնական գիտելիքներու, մայրենի լեզուի մասին ունի հմտութիւն ըստ բաւականին, որպէս եւ յերեւան պիտի գայ իր կարողութեան սրբազումար Սանինի առջև. իսկ վարուց մասին կրնանք վկայել թէ միշտ ներող եղած է բարոյականի, գրեթէ սրբանչանի, և ոչ անտանող է վերին փչմանութեանց: Իր խոնարհ և հեզ բնաւորութեամբ երբեք տեղի տուած չէ դժգոհութեան, այլ ընդհակառակն անտրտունջ կրած է ամէն զրկանք, և իր բարւոք դաստիարակութեամբ օգտակար եղած է մեր որդիներուն: Իր կեանքն եղած է դպրոցէն եկեղեցի և եկեղեցիէն դպրոց յաճախել, և ոչ երբեք գտնուած է անհաճոյ վարմանց մէջ: Այսչափ ինչ տեղեկութիւն հաղորդելով յիշեալ քահանայացուի մասին կը սիրենք յուսալ թէ սոյն տեղեկութիւններ Կրօն. Ժողովոյ քննութեան հետ պիտի ծառայեն արագ տնօրինելու հարկ եղածն, և փակեալ եկեղեցին բանալով մեր պապենական հաւատքը պաշտելու մեզ աւելի եռանդով:

Կ'աղաչենք, Սրբազան Հայր, Կրօնական Պատկառելի Ժողովոյ բազմադիմի խնդրոց կարգին մէջ բարեհաճեցէք առաջնութիւն շնորհել գիւղացւոյս խնդրոյն և յիշեալ ուսուցիչն քահանայական կոչումով պսակէք մեր գիւղի եկեղեցւոյն վրայ:

(4) *անձանց ստորագրութիւններ)*

[*Թուական*]

---

2. Մեծաւորի մը այցի մը գիր առաջարկել:

Ազնուաշուք Տէ՛ր,

Ձեր մեծութիւնը շատ լաւ կ'ըմբռնէ կարեւորութիւնն այնպիսի խնդիրներու՝ որոնք իրեն առիթ կ'ընծայեն նորանոր պայմաններ տալ իր բարեկարգու-

թեան. իր ազնիւ սրտին՝ որ խորապէս կ՚զգայ բախտէն հալածուած անձի մը տխուր կացութիւնն։

Այդ վիճակ կը դառնայ հետզհետէ անհանդուրժելի. ատոր զոհուեցան ցարդ ամէն նիւթական միջոցներս, զի չէի կրնար տեսնել ընտանեացս մորմոքը կարօտութեան պատճառաւ. սրտիս վէրքը կ՚արիւնէր, բայց ես պա՛րտ էի զուարթ երեւնալ, կռուիլ անողոք ճակատագրին դէմ. բո՛ւռն և կատաղի պայքար, որ կորովս յաճախ կը ջլատէր և կ՚ընկճէր զիս։

Բայց բարի է Աստուած, չեն ոչնչացած ամէն յոյսեր. կենացս այս ալեկոծութիւնէն ազատելու համար դեռ կը մնայ ինձ միջոց մը, վասն զի ունիմ այգի մը՝ զոր վաճառելով կրնամ ընտանեացս ժամանակ մը եւս օրապահիկն հայթայթել։

Այգին, զոր հօրմէս ժառանգած եմ, Գարթալի մէջ նշանաւոր է իր հազարաւոր որթերով. որթալուծն հոն չէ ըրած մինչեւ հիմա իր աւերիչ արշաւներն. ունի իր մէջ քարաշէն տնակ մը, որուն խոհանոցին մէջ կայ անուշ ջրոյ աղբիւրակ մը։ Հայրս ինձ ըսած է թէ մեր այգին հողը շատ յարմար է բուսաբերութեան, և ինչպէս փորձն ցուցած է, արդիւնաւէտ եղած է այն ուրիշ մերձակայ այգիներէն աւելի։ Նա երբեք անխնամ չէ մնացած, այլ ընդհակառակն վայելած է ամէն արթուն խնամքներ։

Արդ, Ազն. Տէ՛ր, կ՚աղաչեմ որ Ձեր բնածիր մարդասիրութեամբ գնէք զայն՝ որուն գումարը դրամագլուխ ընելով պիտի ձեռնարկեմ իմ անհատական գործիս։ Թէեւ ժամանակաւ մինչեւ 1000 Թր. ք. ոսկի գին առաջարկեցին, սակայն այժմ այս գումարին վրայ կարեւոր զեղչ մ՚ընելով՝ կարելի է գնել զայն։

Ձեր Ազնուութեան արժանի կը տեսնեմ զայն․ այլ եւս պէտք չունիմ ես անոր․ բաւական զուարթացուց զմեզ անոր գինին մեր ուրախութեան ժամերուն․ արդ արժան է որ զՁեզ ուրախացնէ ընդմիշտ խրախճանքներով, ինչպէս որ անոր արժեգինն եւս զիս շատ պիտի երջանկացնէ։

Կը հաւատամ թէ Դուք գնելով զայն՝ միեւնոյն ժամանակ ազնուօրէն և մարդասիրական ոգւով ձեռն պիտի կարկառէք յարուցանելու զիս այն տարտամ և անորոշ վիճակէն՝ որ կը տանջէ զիս և որ պիտի ըստիպէ զիս միշտ նոր նոր պարտքեր ընել աջ ու ձախ։

Ժամէ ժամ սպասելով Նամակիս բանաւոր պատասխանին։

Եմ նուաստ ծառայ Ձեր

[Թուական] ⁂

3․ Վաշխառուի մը գրել որպէս զի մնացորդ պարտքին այլ եւս տոկոս չառնէ։

Մեծապատիւ Տէ՛ր,

Քաջ գիտէ Ձեր Մեծապատուութիւնը թէ այսչափ տարիներէ ի վեր անընդհատաբար վճարած եմ Ձեզ պարտքերս իրենց տոկոսներով մէկտեղ։ Ճշդապահութիւնն եղած է Ձեզ հետ ունեցած յարաբերութիւններուս միակ արժանիքը, և այսքան տարիներէ ի վեր պանդխտութեանս գլխաւոր մտածումն եղած է դրամ վճարել, որպէս զի ընտանիքս հանգիստ ապրի, ծերունի հայրս չունենայ դժգոհութեան առիթ իր կեանքին այս վերջին շրջանակին մէջ, այլ միշտ օրհնէ զիս և նորակազմ ընտանիքս։

Եւ ինչպէս որ ես կրցածիս չափ գոհ ըրած եմ Ձեզ, Դուք ևս Ձեր ընդաբոյս քաղցրութեամբ և հաւատարիմ ընթացքով ուրախացուցած էք զիս։ Երբեք չէք եղած այն անիրաւ վաշխառուներէն՝ որոնք այլոց տուները քանդելու կը հետամտին, որբին և աղքատին արիւնը կը քամեն, և անիծից նշաւակ կեանք կ'անցունեն։

Տէ՛ր, նպատակ չունիմ Ձեր անձնական արժանեաց ներբողներ հիւսել, այլ միայն արդարութեան պարտք մ'է այս զոր կ'ուզեմ ներկայիս հատուցանել Ձեզ։ Պանդուխտին ալ մխիթարութիւնն այն է, երբ գիտնայ թէ իր դրամն յափշտակութեան չպիտի մատնուի։

Արդ, Մեծ. Տէ՛ր, վստահ Ձեր ծանուցեալ մարդասիրութեան վրայ՝ կը յայտնեմ թէ իմ մէկ քանի ամսէ ի վեր անգործ մնալովս բոլոր հասոյթներս ցամքեցան, առօրեայ պիտոյից համար իսկ կարօտ մնացի, և ահա դեռ նոր յաջողեցայ նախկին գործս շարունակել։ Ասկէ յայտնի է թէ չպիտի կրնամ ըստ առաջնոյն շարունակել վճարումներս, ուստի կը խնդրեմ որ մնացորդ պարտքիս համար որոշեալ տոկոսէն կարեւոր զեղչ մը ընել բարեհաճիք, որպէս զի միանգամ ընդ միշտ կարգադրուի պարտքս, և ես հանգիստ սրտով պարապիմ գործերուս, որովհետև ինձ համար պարտքի մտածումն ամենէն ծանր է և խռովիչ։

Կը յուսամ թէ այս մասին անմիջական կարգադրութիւն մ'ընել կը յօժարիք Դուք՝ որ պանդխտի ցա-

ւերը կը նախազգաք, և անոր ցաւած սրտին կը նայիք կարեկից աչքերով։

Ակնդէտ նամակիս պատասխանին՝ եմ.

Խոնարհ ծառայ(*)

[Թուական]

* * *

---

5. Կին մը իր ամուսնոյն օտար երկրի մէջ պսակուած ըլլալը լսելով կ'աղաչէ Ս. Պատրիարք Հօր՝ որ պէտք եղած պատիժը տայ։

Ամենապատիւ Սրբազան Հա՛յր,

Ո՞վ է նա՝ որուն կարենամ դիմել այս տարապային կացութեանս մէջ, ո՞վ է այն՝ որ գիտնայ կնոջ մը վիճակն, որ տխուր է, ապերջանիկ՝ իր որդիներով։

Ձեր Բարձր Սրբազնութեան կը դիմեմ, ո՛ ազգախնամ Հայր, յուսալից թէ հաճութեամբ ունկն պիտի դնէք իմ աղերսին և բանաւոր տնօրինութեամբ ուրախացնէք զիս։

Ստորագրեալս Ձեր նուաստ աղախինն ասկէ իբր եօթը տարիներ առաջ ամուսնացայ Պ. Վրթանէս Արամեանի հետ, արհեստով կօշկակար, որուն հետ մի քանի տարիներ կենակցելով՝ Աստուծով ունեցայ երեք որդիներ. ամուսինս դժգոհ կ'երեւէր իր արհեստէն, և իր հասոյթներուն անբաւականութիւնը առարկելով կ'ուզէր ազատիլ այս վիճակէն. ես իմ կողմանս կը քաջալերէի և ի հարկին աշխատութեամբս կը դիւրաց-

(*) Հպարտութեան նշան է փոխանակ **խոնարհ ծառայ** ամբողջապէս գրելու միայն Խ. Ծ. գրել։

նէի իր գործն, որ էր ընտանեաց ապրուստն։ Բայց ան չէր ուզեր տանիլ այս վիճակը, և կը փափաքէր հեռու աշխարհ երթալ իր ընտանեաց բարեկեցութիւնը ապահովելու պատրուակով։ Ի սկզբան հաւատացի իր խօսքերուն անկեղծութեան, եւ թողուցի որ իր նպատակը ի գործ դնէ. բայց մեծ եղաւ զարմանքս, երբ տեսայ թէ ոչ իմ նամակներուս կը պատասխանէ, և ոչ ընտանեաց կարօտութեան վրայ կը կարեկցի։ Ընդերկար աղերսեցի, առանձինն և անօգնական մնալով արտասուելով անցուցի ժամանակս սիրուն փոքրիկներովս՝ որոնց ամէն հոգ կը ծանրանար վրաս։ Հեռացաւ գնաց, ոչ մէկ միջոցաւ կարելի եղաւ դարձունել զանի իրեններուն քով։ Աստուած իմ, ամուսնանալ, ուխտել ի միասին կրել կեանքի ամէն պատահարներ, և մի օր բաժնուիլ չարաչար դրժելով այն ուխտին՝ որ աստուածային է, վատագոյն չէ՞ այդ անձ. դասալիքի ամօթն ու նախատինք չունի՞ նա իրաւամբ իրեն բաժին։

Սրբազան Հայր. խոպերաներ և դրուժաններ օրէնքի խստութեան ենթարկել Ձեր վսեմ գործն է. մանաւանդ այնպիսի մէկ խաբեբայ՝ որ իր կնոջմէ և որդիներէ բաժնուելով օտար երկրի մէջ ամուսնական նոր տուն կը կազմէ, անձը ամուրի հաւատացնելով և խաբելով տեղական իշխանութիւնները։

Եթէ յաւիտենական է ամուսնական կապն, ուրեմըն ի՞նչ յանդգնութեամբ կը համարձակի խզել զայն, և հոս թշուառութեան մատնել իր օրինաւոր ընտանիքն։

Անհնարին է ինձ նկարագրել թէ ի՛նչ սրտառուչ աղաղակներով կը գոչեն որդիքս. «Հա՛յր, հա՛յր»։ Արտասուելով կ'ըսեմ անոնց. «Զաւակնե՛րս, ձեր հայ-

որը մեռած է․ այսուհետեւ, ինչպէս յառաջ, ձեր հայրն երկինքն է․ անոր պաղատեցէք»։

Նախատալի՛ց մահ։

Կ'աղաչեմ, Սրբազան Հա՛յր, Դուք պաշտպան իր յոյսերուն և փափաքներուն մէջ խաբուած կնոջս, Դուք խնամակալ անմեղ որբերու, Ձեր հզօր ազդեցութիւնն ի գործ դնելով հաճեցէք պատժել այս անզգամ խաբեբան, ստիպելով եկամուտ մը կապել իր զրկեալ ընտանիքին, և խանգարելով այն տուն՝ որ անիրաւութեան վրայ կը հաստատուի։

Ասոնք են աղերսանք թշուառ կնոջ մը և անմեղ որբերու։

Եմ Ձերդ
Բարձր Սրբազնութեան
[Թուական] *Նուաստ աղախին*

* * *

ԸՆԴԼԱՅՆԵԼԻ ՆԻՒԹԵՐ

1. Նպաստ խնդրել.— *Մէկն՝ որ երբեմն մեծատան մը քով սպասաւոր եղած է, յետոյ առեւտրական ասպարէզի մէջ մտնելով մեծ վնասներ կրած է, արդ կը գրէ նամակ նոյն մեծատան՝ որպէս զի իրեն ձեռնտուութիւն ընէ։*

2. Հօր մը նամակը գործարանատիրոջ մը. — *Այս հայրն որդի մը ունի, որ դեռ նոր շրջանաւարտ եղած է. այժմ սոյն աղերսագրով կը խնդրէ գործարանատէրէ մը՝ որ ընդունի իր որդին գործերուն մէջ։*

3. Երիտասարդի մը նամակը.— *Երկաթուղիի վարչութեան մէջ մտնելու համար ազդեցիկ անձի մը միջնորդութիւնը կը խնդրէ անգործ երիտասարդ մը:*

4. Ներում հայցել. — *Կրթական պաշտօնեայ մը թերութիւն գործած է, եւ ասոր համար պաշտօնանկ եղած է: Արդ զղջալով իր յանցանքին՝ կը խնդրէ որ վերհաստատուի իր նախկին պաշտօնին մէջ։*

ԳԼՈՒԽ Ջ.

ՎԿԱՅԱԳՐԵՐ

Վկայագիր ուսման։

Պ. Սողոմոն Շմաւոնեան իւր աշակերտութեան հնգամեայ շրջանին մէջ (1883—1893) *իր բարի վարքով և ջանասիրութեամբ գոհացուցած է մեզ։ Ո՛չ երբեք իր պարտականութեանց մէջ թերացած է, այլ իր համբոյր բնաւորութեամբ և ուսմանց յառաջդիմութեամբ առաջին մրցանակներ շահած է։ Գիտէ բաւ. բաւականին լեզուներ Հայերէն, Թուրքերէն, Ֆրանսերէն, գիտութեանց նախատարերքն, թուաբանութիւն, գիր և գծագրութիւն։*

Կը յանձնենք յիշեալին՝ այս վկայագիր՝ լաւ ապագայ մաղթելով իրեն։

[Թուական] Տեսուչ.

Վկայագիր ուսանողի։

Պարոն Գրիգոր Մելիքսեթեան իւր երեք տարիներ (1890—83) *աշակերտելով ինձ Պէյքօզի թաղային վարժարանին մէջ, մայրենի լեզուին մէջ զարգացաւ ըստ բաւականին, մինչև քաջ խելամուտ լինել ընտիր ընտիր գրուածոց իմաստին և շարադրել յաջողապէս զանազան նիւթոց վրայ,*

Իր աշակերտութեան ամբողջ ընթացքին մէջ փայ-

ըկցաւ համեստ վարքով եւ ջանասիրութեամբ։ Իր աշխատասէր ոգին իր բարի վարուց օրինակին հետ պիտի ըլլայ ինծ համար յաւէտ քաղցր յիշատակ։

Կը հաւատամ թէ կենաց որ և է վիճակի մէջ եւս պիտի պահէ իր ձիրքերն և պիտի հանդիսանայ կարեւոր անդամ տոհմին և ընտանեաց։ Այս ջերմ փափաքով կը յանձնեմ Պ. Գ. Մելիքոսեանի՝ սոյն վկայագիր։

[Թուական] Ուսուցիչ

Վկայագիր ծննդեան։

Դանիէլ Յովհաննէսեան, որդի ժամագործ Յովհաննէս աղայի և Իսկուհի տիկնոջ ծնած է 1869 Փետր. 2ին և մկրտուած է նոյն ամսոյ 14ին, Րումէլի Հիսարի Ս. Սանդուխտ եկեղեցւոյն մէջ կնքահայրութեամբ ձկնորս Սարգիս աղայի։ Մկրտիչ քահանայն է Տ. Թադէոս քահանայ նոյն եկեղեցւոյ։

Աւագերէց Ատեն. Թաղ. Խորհրդոյ

* * *   * * *

Վկայագիր պաշտօնէի։

Պարոն Ստեփան Կոստանեան, ուսուցիչ Մաթեմաթիքայի, իբր երեք տարի վարժարանիս մէջ պաշտօնավարելով, իր խղճամիտ և բարւոք պաշտօնավարութեամբ գոհ ըրած է մեզ։ Ցաւ է մեզ, որ կը զրկըւինք այսպիսի յաջող պաշտօնէի մը գործակցութենէն նիւթական անձկութեան պատճառաւ։ Իբրև հայր կամ իբր երէց եղբայր կը վարուէր աշակերտներուն հետ

Համալիր դասախօսութեանցն յաճախ ներկայ ըլլալով, տեսած եմ թէ իր պաշտօնին խորին գիտակցութիւնն ունի և երբեք ժամավաճառ չըլլար սնոտի շաղփաղփութեամբ։

Տեսչութիւնս կը յուսայ թէ Պ. Ստեփան սուղ ժամանակէն պիտի կոչուի դառնալ ի պաշտօն մեր վարժարանին մէջ և ըստ առաջնոյն շարունակէ իր օգտակար դասախօսութիւններն։

[Թուական] Տեսուչ

Վկայագիր ծառայութեան։

Պ. Կարապետ Ոսկանեան 5 տարիներ ծառայելով վաճառատանս մէջ իբրև գործակատար, գոհ ըրած է զիս իր վարժ և գործունեայ ընթացքով. հաշուոյ եւ դրամական խնդիրներու մէջ հաւատարիմ և անխարդախ վարմունքով արատ չէ բերած երբեք իր հընգամեայ ծառայութեան։ Այժմ փոքրիկ դրամագլուխ մը գոյացուցած է և կ՚ուզէ ինքնագլուխ գործել։ Ուրախութեամբ կը հաւանիմ անոր և կ՚ուզեմ տեղեկացնել առևտրական հրապարակին թէ իմ, իր նախկին տիրոջ համարման և մեծարանաց արժանացած է ըստ ամենայնի, և կարող է հետզհետէ հասնիլ այն բարձրութեան՝ որուն արժանի են ամէն գործունեայ անձինք։

Պ. Կ. Ոսկանեանի ամէն յաջողութիւն մաղթելով՝ անոր յառաջդիմութեան ևս վստահ եմ։

Թուական] * * *

ԳԼՈՒԽ Է.

ԸՆՏԱՆԵԿԱՆ ԿԱՌԱՎԱՐՈՒԹԵԱՆ ՎՐԱՅ ՉՈՐՍ ՆԱՄԱԿՆԵՐ

Նամակ Ա.

Սիրելի՛դ իմ Գեղանոյշ,

Կը փափաքիմ տեսնել զքեզ քու տանդ մէջ հաստատուած և երջանիկ. որբ մ'էիր, զքեզ խնամեցի. լոյս սփռեցի այն սրտին մէջ, ուր սեւ գիշեր կը տիրէր։ Բայց կ'զգամ որ իմ խանդարեալ առողջութիւնս տակաւ կը խլէ ինէ այն յոյսն թէ օր մը քու երջանկութիւնդ տեսնեմ։ Ուստի չեմ ուզեր զրկել զքեզ այն տեղեկութիւններէն, զորս փորձառութեամբ ստացած եմ, և կը կարծեմ թէ քեզ օգտակար կ'ըլլան անոնք, քեզ՝ որ չունիս ո՛չ հայր, եւ ո՛չ մայր։ Ջանացի անոնց վիշտը չզգացնել քեզ, սիրո՛ւն որբուհիս, եւ ուրախութեամբ տեսայ թէ պարկեշտ, հրապուրիչ աղջիկ մը կ'ըլլաս։ Շնորհակալ եմ, որ իմ խնամքիս կը համապատասխանես. պարտքս էր, զոր կատարեցի եւ պարտ էի զայն կիսկատար չթողուլ։ Խօսինք այժմ ի միասին ապագայիդ նկատմամբ։

Գիտեմ թէ օր մը ամուսնանալու օրինաւոր փափաքն ունիս, որպէս զի ունենաս պաշտպան մը, հաւատարիմ բարեկամ մը, եւ կազմես ընտանիք մը։ Կը հաւանիմ այդ խորհուրդին, եւ չեմ տարակուսիր թէ քու ազնիւ ձիրքերովդ պիտի կարողանաս լաւ ամուսին մը ունենալ։

Լաւ ընտրէ՛ ամուսինդ, սիրելի՛ աղջիկս, որովհետեւ այն է բոլոր կեանքիդ ընկերը։ Մի՛ խաբուիր ոչ արտաքին երեւոյթէ, ո՛չ հարստութեան ակնկալութիւններէ, եւ ո՛չ այնպիսի կացութենէ մը՝ որ քու կինէդ վեր ըլլայ։ Ասոնք երջանկութեան երաշխիք չեն։

Քու ամուսինդ պէտք է ըլլայ երիտասարդ մը ազնուասուն, առողջ, բարեմոյն, մտացի եւ իր արհեստին մէջ կարող։ Եթէ ատոնց վրայ աւելցնէ բարուոք նկարագրի մը, սիրուն դէմքի մը առաւելութիւնները՝ դուն պիտի գտնես գրեթէ կատարեալ ամուսին մը։ Որովհետեւ այդ կատարելութիւնը չկայ աշխարհի մէջ, պէտք չէ մտքէ անցունել թէ պիտի գտնես ամուսնոյդ անձին վրայ վիպական դիւցազ մը։ Դուն թերութիւններդ ունիս, անշուշտ նա ալ իրենները պիտի ունենայ։ Ուստի Ձեր բախտը ուրիշի բախտին միացնելէ առաջ ջանացէք ի նկատ առնել թէ իրարու համար ստեղծուա՞ծ էք։

Ստուգիւ դժուար է այս, որովհետեւ նշանուելու պահուն երկու կողմն ալ իր փոքր թերութիւնները կը ծածկէ. բայց կան թերութիւններ, որք երկու կողմէն անտես թող չըլլան։ Դուն փափկութեամբ մեծցած ես, եթէ վայրենամիտ եւ կոշտ ամուսին մը ունենաս, պիտի տառապիս, դուն անկեղծ ուղղամիտ ես, եթէ ունենաս նենգաւոր եւ ագահ ամուսին մը, թշուառ պիտի ըլլաս։ Դուն երկիւղած ես բայց ոչ սնապաշտ, եթէ ամուսինդ քու կրօնասիրութեանդ հակառակ է, քեզ բռնաւոր մը պիտի երեւի։ — Այսպէս լաւ քննէ՛ ընտրութիւնդ, որչափ կրնաս, քու անձիդ եւ խոհական ու իմաստուն մարդոց միջոցաւ. զգուշացի՛ր շատախօս անձերէ, և ո՛չ առեն որոշում տուր, երբ սիրտդ միտքդ և բանականութիւնդ գոհ զգաս։

Երբ ամուսնանաս, ալ զղջումն անօգուտ է, պէտք է առնուլ ամուսինն այնպէս, ինչպէս որ է, եթէ կարելի է լաւցնել զայն գործվանօք, հաճոյակատարութեամբ և բոլորովին անձնուիրութեամբ. եթէ չյաջողիս, պատք է բախտիդ հպատակիս եւ մինչև վերջը կատարես քու պարտքդ ամէն պարագայի մէջ ևս։— Ես չպիտի խօսիմ քեզ հաւատարմութեան պարտուց վրայ. քեզ նման անբիծ և պարկեշտ աղջիկ մը հաւատարիմ կին մը պիտի հանդիսանայ, և չեմ վախնար թէ դու կ՚իյնաս գահավէժ այդ մոլութեանց մէջ՝ որոնցմէ ընտանիքներ կը կործանին. միմիայն միշտ զգուշացի՛ր այն բաներէ, որոնցմով ամուսնոյդ նախանձը կը շարժի։ Կան ամուսիններ՝ որք շատ կասկածոտ են այս մասին։ Բարի և խելացի կին մը կը յարգէ այս փոքր տկարութիւնն և նախազգուշութիւններ ձեռք կ՚առնու տեղի չտալու մանաւանդ ամուսնութեան առաջին տարիներուն մէջ։ Այդ մասին ամուսինդ երախտապարտ կ՚ըլլայ, և այդ բանը կ՚ըլլայ ընտանիքի խաղաղութիւնը պահպանելու լաւագոյն միջոցներէն մին։ Իսկ դուն ալ ծաղրելի նախանձու տեսարաններ մի՛ պարզեր։ Եթէ անոնք անիրաւ են, կը կորսնցնես քու ամուսնոյդ սէրը և զանի կը չարացնես. եթէ անոնք արդար են, բանի մը դարման չեն ըլլար. ընդհակառակն. երկինք պարգեւած է քեզ թանկագին պարգև մը, այն է քաղցր բնաւորութիւն։ Պահէ՛ զայն մեծ խնամով, սիրելի՛ դուստր իմ. մի՛ ղայրացնիր, մի՛ վշտանար ընտանիքի մօր կեանքի մեծ և փոքր թշուառութիւններով։ Այիութեամբ ժուժկալէ հիւանդութեանց։ Միշտ ամուսինդ ընդունէ՛ այն քաղցր ժպիտով՝ որ զքեզ սիրելի կ'ընէ այնքան։ Մի՛ ճանճրացներ զայն կենաց նեղութիւններուն վրայ տրտնջալով։ Անոր համար բաւ են իր աշխատութիւններն և իր յոգնութիւններ. Եղի՛ր, որչափ կարելի է, անոր առջև վայելուչ, խնամոտ և ակնահաճոյ։ Զըլլայ որ կրես աղտոտ շրջազգեստ, ունենաս գէշ սանտրուած մազեր, կրունկը ծռած կօշիկներ անյարմար բաճկոնակներ։

Ամուսին մը, կ'ըսէր մեծ մայրս, պէտք է միշտ կարենայ բաղդատել իր կինը ճանչցած ուրիշ կիներուն հետ առանց անոնց վրայ առաւելութիւն գտնելու։ Թող քու տունդ և դուն և յետոյ քու զաւակներդ ըլլան միշտ ամուսնոյդ համար ամենէն աւելի սիրելի արարածներ, որոնց յիշատակն իրեն հետ ունենայ իր աշխատութիւնը քաղցրացնելու համար և անոնք երջանկութիւն պատճառեն իրեն, երբ երեկոյին տուն դառնայ։ Ջանա՛ գրաւել իր վստահութիւնը յարատև քաղցրութեամբ և հնազանդութեամբ, և մանաւանդ միշտ ողջամիտ և յաճախ լուրջ երևցիր։ Երբ տեսնէ թէ քենէ ապահով բարեկամ մը չկրնար ունենալ, կամաց կամաց պիտի վարժուի քեզ խորհրդակցիլ թէ ո՞ր միջոց ձեռք առնուլ լաւագոյն է։

Ասկէ օգուտ պիտի քաղես զանի հանդարտեցնելու համար՝ եթէ բարկացած ըլլայ, խթան մը ըլլալու՝ եթէ անփոյթ է, հաշտեցնելու՝ եթէ խռոված է իր ազգականաց և բարեկամաց հետ։ Վերջապէս բարւոյ համար գործածէ՛ այն ազդեցութիւնն, զոր քու արժանիքովդ պիտի շահիս։

Դուն քու օրական զբաղումներէդ դուրս բան մը մի՛ ըներ առանց անոր հաւանութիւնն առնելու, և նոյնիսկ անոր հետ ի միասին կարգադրէ՛ տան ներքին գործերը, կարասիներու կամ հագուստներու գնումներ։ Այս փոքր բաներն ամուսինն իր կնոջ և տան հետ կը կապեն։

Երբեք մի՛ խռովիր անոր հետ, նոյն իսկ իրաւացի պատճառներով։ Եթէ դուն բաւական ապահով ես իրաւունք ունենալուդ վրայ, յայտնէ ամենայն պարզեամբ, ինչ որ պիտի ըսես, և թող որ ամուսինդ հանդարտի պնդելէն առաջ։ Եռանդուն ես, և գիտեմ թէ այդ բանն քեզ դժուար պիտի ըլլայ. բայց տնական խաղաղութեան պահպանման համար, ոչ թէ այս փոքր զոհողութիւնն, այլ աւելի մեծերն ընել կ'արժէ։ Հա՞րկ է միթէ ըսել քեզ թէ պէտք է որ համբերութեամբ և գորովանօք խնամես զանի իր հիւանդութեանց ատեն, սփոփես զանի և՞ օգնես անոր իր վիշտերուն մէջ։ Վերջապէս անոր հետ ի միասին ուրախանաս և տրտմիս։

Մանաւանդ անոր նկատմամբ ծածկամիտ և ստախօս մի՛ ըլլար։ Այս անմտութիւններ կը վերցնեն վստահութիւն և բարեկամութիւն՝ որոնք պարտին տիրել ամուսնոյ և կնոջ մէջ։ Լաւ է որ խոստովանիս անկեղծօրէն, եթէ մեծ կամ փոքր անյաջողութիւն մը գործած ես, հոգ չէ որ ծանր խօսքեր լսես, քան թէ այնպէս երեւնաս, որ ամուսնոյդ վստահութիւնը չարաչար կը գործածես։ Մի՛ տրտնջար անոր նկատմամբ բարեկամուհիներուդ և դրացուհիներուդ հետ, նոյն իսկ եթէ իրաւացի ըլլան տրտունջներդ։ Այն կիներն՝ որ ամէն մարդու կը պատմեն իրենց ներքին խռովութիւններն, կը թերանան սիրոյ, արժանաւորութեան, և մեծարանաց մէջ, զորս պարտին իրենց ամուսիններուն։

Եթէ ամուսինդ ազգականներ ունի, ջանա՛ անոնց սիրոյն արժանանալ։ Անոր ծնողաց նկատմամբ ակնա-

ծութիւն և յարգանք ցուցուր, բարեկամութիւն և եղբայրական սէր անոր եղբայրներուն և քոյրերուն նըկատմամբ։

Վերջապէս անձնուէր ըլլալ, հնազանդիլ, սիրել և մոռնալ անձը․ ասոնք պէտք է ըլլան ամուսնացեալ կնոջ մը դերը անոր նկատմամբ, զոր աստուածային և մարդկային օրէնքներ իրեն տէր պարգեւած են։ Երկրորդ նամակի մը մէջ պիտի խօսիմ քեզ որդւոյդ համար ունեցած պարտքերուդ մասին։

Լաւ խնամել իր փոքր տղան, սնուցանել զանի, մաքուր պահել․ ահա բարի մօր մը եռանդեամբ կատարելու աշխատութիւնը։

Բ․ Նամակ։

Տղայք կ՚ըլլան յաճախ այնպէս, ինչպէս կը պատրաստեն զանոնք իրենց ծնողք։ Մտածէ՛ անգամ մը, սիրելի՛դ իմ Գեղանոյշ, թէ ի՛նչ պատասխանատուութիւն ունին հայր և մայր։ Ոչ թէ միայն զաւակաց մարմինն է, զոր պէտք է զարգացնեն և չարէն պաշպանեն, այլ մանաւանդ անոնց հոգին, անոնց միտքն, անոնց բարոյականն ուշադրութեան պէտք է առնուն։

Հայր մը իր խղճով, և նոյն իսկ օրէնքով պարտի տալ իր տղուն ապաստան, սնունդ և հագուստ. ոչ նուազ պարտի կրթել և կազմաւորել հոգին և սիրտն այն փոքրիկ արարածին՝ որուն կեանք նուիրած է։

Մայրը նոյն պարտքերն ունի․ անոնց վրայ կ՚ա-

նենան մայրութեան պարտքերն ալ։ Լաւ խնամել իր փոքրիկ տղան, սնուցանել զանի, մաքուր պահել, հսկել անոր վրայ, որպէս զի ան զերծ մնայ հիւանդութենէ, երբ բոլորովին մատաղ է. ասոնք են այն պարտքերը՝ զորս ամէն բարի մայրեր դիւրաւ կը կատարեն հակառակ իրենց կրած յոգնութիւններուն։ Բայց բոլորն այս չէ։ Հայրը դուրսն է շատ անգամ իր աշխատութեան, իր արհեստին պատճառաւ. չունի ժամանակ և ոչ համբերութիւն իր զաւակաց դաստիարակութիւնը ուղղելու։ Ուրեմն մօրը կը վերաբերի այս գործին մեծագոյն մասը։ Նա կարող է կանուխէն անոր ձեռնարկել, վասնզի կարելի է տղայ մը վարժեցնել անոր առաջին տարիէն իր ծնողքը յարգելու և անոր հնազանդելու։

Խնամով հսկէ՛ այն փոքրիկ իմացականութեանց վրայ՝ որ աշխարհք կը մտնեն և քեզ յանձնուած են։ Դուն պիտի սորվեցնես անոնց բարին չարէն զանազանել. դուն պիտի սորվեցնես սէր և Աստուծոյ երկիւղ, բարութիւն, հնազանդութիւն, կամարարութիւն, վեհանձնութիւն. սոսկում պիտի ներշնչես ստութեան և ամէն խարդախութեան դէմ։ Եւ յետոյ դուն ես որ պիտի ճանչցնես և կատարել տաս անոնց առ Աստուած, առ ծնողս, առ նմանիս, նոյն իսկ առ ինքեանս ունեցած պարտքերը։ Քու մեծ պարտքդ է չարին անոնց մտնելն արգիլել կարելի եղածին չափ և ջանալ որ անոնք կարենան դիմադրել չարիքին. աւելի մեծնալով այլ ևս քու հսկողութեանդ տակ չըլլան։ Ուրեմն աշխատէ՛ հեռի պահել զանոնք չար օրինակներէ, յոռի բարեկամներէ, գէշ խորհուրդներէ, վատթար ընթերցումներէ, անպիտան խաղքերէ, և որովհետև չես կրնար յուսալ թէ անոնք պիտի վարեն կեանք առանց այդ բաներուն հանդիպելու, զարգացո՛ւր անոնց մէջ բարոյական քաջութիւնն, ուղղամտութեան և ընտանեկան պատուոյ զգացումը։ Շահէ անոնց վստահութիւնը ներողամիտ բարութեամբ, այլ մի՛ մոռնար թէ հօր և մօր պարտական հնազանդութիւն և յարգանք ընտանիքի խարիսխն են։ Բարութիւն և հաստատամտութիւն անհաշտ չեն բնաւ մէկմէկու հետ։ Այս երկուքին միացումը կարեւոր է տան կառավարութեան մէջ։ Կան ծնողքներ այնքան դաժան և խստապահանջ, որ կը յուսահատեցնեն իրենց որդիքը. ատոնք եւս կը փախչին հայրենի տունէն, առահակներ կ՚ըլլան. Նոյնպէս չփայած, անխնամ տղայք, որոնք բոլորովին իրենց կիրքերուն և նանրամտութեան թողուած են, որ ուրեմն կ՚անպատուեն իրենց ընտանիքը, նոյն իսկ իրենց անձերը։

Եւ սակայն թերութեանց երեք չորրորդ մասը, որոնք հօր և մօր մեծ վիշտ են, անոնց տկարամտութենէն առաջ կուգան։ Տղայ մը՝ որ լաւ սկզբնաւոթիւն կ՚ունենայ և հսկողութիւն կ՚ըլլայ անոր, լաւ ճամբու մէջ դրուած կառախումբի կը նմանի։ Նա ուղղակի կ՚երթայ, և կը հետեւի իրեն տրուած մղման։ Անշուշտ պէտք է հաշուի առնել բնական թերութիւնները, բայց երբ մայր մը խելացի է, անվեհեր, ամէն բան իր որդւոց բարութեան կ՚ուղղէ. կը մտրակէ դանդաղը, քիչ մը կը սանձէ աշխոյժը, զբաղում կուտայ գործօն բնաւորութեանց, մեղկ բնաւորութիւններն աշխատութեան կը գրգռէ, կը հետամտի լաւագոյնը գտնելու, և երբ կը գտնէ, զայն կը գործադրէ։

Մատաղ հասակի մէջ կան թերութիւններ, որք զարգուն հասակին կերպով մը ինքնին կուղղուին։

Ասոնց կարգէն են անհանդարտութիւն, բարկութիւն, հետաքրքրութիւն, որկրամոլութիւն, անհանդարտութիւն, որկրամոլութիւն, անհնազանդութիւն, դժկամակութիւն։ Խաղամոլութիւն և արբեցութիւն պէտք է խստիւ արգիլուին։ Լաւ է շատ կանուխէն տղայոց սոսկում ազդել այս երկու աղետալի կրքերու մասին։

Ահաւոր թերութիւն մը, որուն ներել անհնար է, ստութիւնն է։ Ճշմարտութիւնը սրբազան բան մ'է, պէտք չ'է նոյն իսկ դոյզն բանի համար զայն այլայլել։ Տղոցդ մէկ փոքր ստախօսութեան անգամ մի' հանդուրժեր, նոյն իսկ եթէ իբր կատակ զրուցուած ըլլայ։ Անոնց արհամարհանք ներշնչէ' ստութեան համար, մի' թողուր որ իրարու նկատմամբ ստախօս ըլլան. երբ այդպէս բան մը պատահի, յանդիմանէ' զանոնք, անոնց ըսելով թէ մեծ յանցանք մ'է։ Եթէ անոնք գործած են որ և է անյաջողութիւն մը, մեծ կամ սխալ մը, և զայն քեզ անկեղծօրէն խոստովանին, մի' յանդիմաներ զանոնք։ Այս կերպով անկեղծութեան կը վարժուին անոնք։ Գաւաթ մը կոտրել կամ դանակ մը կորսնցնել մեծ վնաս մը չէ, մինչդեռ ստելն մեծագոյն չարիքն է։ Ընդհակառակն երբ կը տեսնես որ անոնք կը ստեն, պատժէ' զանոնք անմիջապէս եւ խստութեամբ։

Նոյնպէս խիստ եղի'ր այն փոքր գողօններուն համար՝ որոնց կը վարժին երբեմն տղայք իրենց դըպրոցական ընկերներուն հետ. գրիչ, թուղթ, մատիտ, տեղ կը գողնան իրենց քովիններէն, կամ խնձոր, կեռաս, խաղող կը գողնան իրենց դրացիներէն։ Յաճախ կ'ըսուի. է՜հ, ասոնք անատակութիւններ են, մեծ բաներ չեն։ Կը սխալի՜ն։ Այս անատակութիւնները կ'այլայլեն փափուկ զգացումները, և գնտակներ գողցող տղան օր մը եւս հօրմէն կամ պաշտպանէն ստակ կը գողնայ։ Խաղի մէջ խաբել, փոխ առնուած բանե-րը չյանձնել. ասոնք անպարկեշտութիւններ են։ Եթէ կ'ուզես որ քու տղաքներդ խղճի մտօք պարկեշտ ըլ-լան, մի՛ թողուր որ իյնան այս փոքր թերութեանց մէջ։

Մի՛ քաջալերեր երբեք յոռի կատակները, այն գէշ խաղերն՝ որոնք կ'ընեն միմեանց, չար խօսքեր, նենգամտութիւններ։ Այն ընտանիքներն՝ որոնք այս սովորութիւններն ունին, կ'արհամարհուին իրենց բո-լոր դրացիներէն։ Անոնք չունին ոչ բարեկամ, ոչ վարկ, և ակնկալելի մարդասիրութիւն, և արդարու-թիւնը այսպէս կը պահանջէ։ Արգիլէ՛ քու տղայքդ զիրար նախատելէ. չգիտցուիր թէ ո՞ւր կրնան տա-նիլ երիտասարդութեան մէջ առնուած այս գծուծ և գէշ բարքերն։ Պէտք չէ միայն ուրիշին անձնականու-թիւնն, համբաւը, ստացուածքը յարգել, այլ նաև իր անձն յարգել։ Բարի մայր մը շատ արթուն է այս մա-սին և խստութեամբ կ'արգիլէ ամէն անպատեհութիւն։ Նա չթողուր որ իր զաւակները վազեն անպատկառ, կիսամերկ, աղտեղութիւն ընեն ուզածնուն պէս, և ոչ անհաճոյ շարժումներ։ Մարդ այսպիսի թերութեանց մէջ իյնալով կը կորսնցնէ մարդկային արժանապատ-ւութեան զգացումը և վայրենութեան մէջ կ'իյնէ։

Քու աղջիկներուդ համար մանաւանդ աւելցուր խստութիւն։ Թող քենէ կարելի եղածին չափ քիչ հե-ռանան, և շատ վստահելի անձանց միայն յանձնէ՛ զանոնք։ Յորչափ անոնք դպրոց երթան, անոնց վրայ հսկողութիւն ընել դիւրին պիտի ըլլայ քեզ։ Բայց երբ անոնք մեծնան, անոնք աջ ու ձախ պիտի ու-զեն երթալ բարեկամուհեաց հետ։ Այդ բանին պէտք չէ հանդուրժեր։ Շատ մատաղ աղջիկներ այս կերպով կորսուած են։ Պէտք չէ թողուլ որ այդպիսի ունակութիւն մը գտնուի իրենց վրայ։ Վասն զի անգամ մը մարդ տեղի տալու տկարութիւնն ունեցած ըլլայ, այնուհետեւ ամէն անգամ որ մերժել հարկ ըլլայ, կռիւներ տեղի կ'ունենան։ Սակայն բնական է որ երիտասարդութիւնը սիրէ զբօսնուլ, և բարի ծնողք պէտք չէ այս մասին ծայրելի հանդիսանան։ Եթէ քու տղաքըդ փափաք ունենան որ և է հանդէսի երթալու, ուր դուն կրնաս զանոնք առաջնորդել առանց անպատեհութեան, հոն գնա՛ անոնց հետ։ Գէշութիւն մը չկայ անոր մէջ երբ քու աղջիկներդ պարեն քու աչքիդ տակ իրենց եղբայրներուն հետ. մեծ անպատեհութիւնն այն է, երբ առանց քեզ՝ ժուռ գալու երթան անոնք, ո՞վ գիտէ ո՞ւր, կենան ո՞վ գիտէ որո՞ւ տուն, և ծանօթանան անոնց՝ որոնք կրնան զանոնք չարին առաջնորդել։

Պիտի ըսեմ նաև ընթերցանութեանց համար։ Թող քու տունդ չտեսնուին այն լկտի գիրքերն, կամ պարզապէս անմտօրէն գրուած գիրքերն, որք երիտասարդութիւնը կը մոլորեցնեն և կը հաւատացնեն անոնց հազարումէկ յիմարութիւններ։ Մինչև իսկ եթէ բոլորովին անբարոյական ալ չըլլան, դարձեալ ատոնք վընասակար կրնան ըլլալ, եթէ մատաղ աղջիկը զզուեցընեն իր հանապազօրեայ պարզ կեանքէն, և անոր մտքին մէջ դնեն աշխարհի վրայ բոլորովին սուտ և չափազանցուած կարծիքներ։ Իրական կենաց մէջ չիկան այնչափ մեծ ոճիրներ, որչափ այդ գիրքերուն մէջ կը պատմուին, ոչ այնչափ մեծ զուարճութիւններ, ոչ այնչափ կատարեալ դիւցազներ, և ոչ այնչափ սրտաչարժ դիւցազնութիւններ։ Եթէ դուն ուրեք պատահի այնպէս, բոլորովին բացառութիւն մ'է։

Կը գտնուին այժմ գրեթէ ամենուրեք լաւ գրքեր, որք այնքան շահագրգիռ են և կրնան բարձրաձայն կարդացուիլ ընտանեաց մէջ։ Ընտիր ընթերցումներ միտքը կը լնուն և այնպէս կ'ընեն որ այլ ևս զզուելի կը դառնան անհամ և թշնամական բամբասանք և չաղփաղփութիւններ։

Այս թերութեանց մին է որուն կը միտին աւելի մատաղ աղջկունք. միւս թերութիւններն են պչրանք, որկրամոլութիւն և ծուլութիւն։ Բարի մայր մը այս ամենուն կը յաղթէ հաստատամտութեամբ, քաղցրութեամբ և ողջմտութեամբ։ Եւ յետոյ լաւագոյն ուսումն, կը տեսնե՞ս, քու ընծայելիք բարի օրինակն է։ Այնպէս բարի, այնպէս արդար, ճշմարտախօս, անաչառ եղի՛ր, որ քու տղայքդ քեզ նային հիացմամբ։ Անոնց, համար եղի՛ր այն ամէն բարեմասնութեանց կենդանի օրինակն, զորս կ'ուզես որ ունենան անոնք։ Այդ յատկութեանց արժանիքը շատ լաւ պիտի հասկնան, եթէ անոնք ամէն օր անոնց բարերար ազդեցութիւնը զգան։ Այն ատեն դուն անոնց համար պիտի ըլլաս տեսանելի նախախնամութիւն մը, և անոնց սէրն ու մեծարանք հարիւրապատիկ պիտի փոխարինեն քու կրած նեղութիւններուդ։

Իր որդիները երջանիկ և իմաստուն տեսնել, ահա այն քաղցր վարձքը՝ զոր մայր մը աշխարհի վրայ կրնար ստանալ։

Կարգապահութիւն, մաքրութիւն, աշխատութիւն բարգաւաճման կարեւոր պայմաններն են։

Նամակ Դ.

Սիրելի՛դ իմ Գեղանոյշ,

Աշխատութիւն, կարգապահութիւն, խելացի տընտեսութիւն աշխատասէր ընտանիքի մը համար բարգաւաճութեան կարեւոր պայմաններն են։ Ես զքեզ կանուխէն աշխատութեան վարժեցուցի. այն քեզ համար երկրորդ բնութիւն մը եղաւ։ Դուն չպիտի կրնաս ապրիլ առանց աշխատելու, և քու ընտանիքդ լաւ եւս զարգացնելու համար պէտք է չարունակ աշխատիս։ Քեզ սորվեցուցած եմ բաժնել աշխատութիւնը եղանակին համեմատ, փորձառութիւնը աւելի պիտի հրահանգէ զքեզ։

Թող կարգապահութիւնը քու կենացդ ամենամեծ հոգերէն մին ըլլայ։ Որչափ մարդ քիչ բան ունենայ, այնչափ կարգապահութեան սովորոյթներն մեծ պէտք է ըլլան։ Բան մը գետինը մի՛ թողուր, և դուն ապահով պիտի ըլլաս բան մը չկորսուելուն։

Ամէն բանի համար տեղ մը եւ ամէն բան իր տեղը։ Այս բանը միշտ կրկնէ՛ դուն, և ոչ միայն զայն կրկնէ՛, այլ և գործադրութեան մէջ դի՛ր. կարգադրէ՛ կարասիներդ աչաց հաճելի եղանակով, որչափ կարելի է, մանաւանդ առօրեայ գործածութեան համար դիւրին։ Կախէ՛ խոհանոցի պղնձէ անօթներդ պատին դէմ հորիզոնական դիրքով դամուած բեւեռներով տախտակի վրրայ. սպունգով պէտք է մաքուր պահել զանոնք. գարանին մէջ շարէ՛ անօթները և տանդ նպարները տուփերու մէջ դի՛ր։ Մի՛ թողուր որ աւելցուք մնան պընակներու մէջ, հացի օթեկ կեղեւներ դարանի մէջ, բանջարեղէններ կողովի մէջ։ Ասոնցմէ կրնան կերակրուիլ անասուններ, կատուներ, շուներ, հաւեր, այծեր, ճագարներ. իսկ եթէ այդ կտորները այնպէս թողուս, պահարանները կ՚աղտոտին և կը խափանուին։ — Եթէ չունիս մութ խորշ մը՝ աւելները, խոզանակները, փետրաւելները, ջնջաններ եայլն, դնելու համար, վերջապէս ամէն ինչ որ մաքրութեան կը ծառայէ, գետնէն վեց ոտնաչափ վեր տախտակ մը դիր՝ ուր պիտի կրնաս դնել տուփեր և ծրարներ։ Պէտք է մինչև գետինը իջնող վարագոյր մը կախել երկաթէ գաւազանէ մը, որուն ետև կը ծածկուին բոլոր անգործածելի անօթներ և նոյն իսկ արկղներ՝ որ պարունակեն հանքածուխ, տաշեղներ և բանջարեղէններ, ևն։ Երբ անօթները շարուին, վարագոյրը կը քաշուի և ամէն բան կարգին կ՚ըլլայ։

Արթննալուդ պէս անկողինդ շտկէ՛, և սորվէ տըղաքներդ՝ որ իրենցը շտկեն։ Թող անոնք չբաւականանան գործը շուտ տեսնելու համար անկողինը ծեծել, սաւաններ քաշել, և վրան վերմակ դնել։ Պէտք է դարձունել անկողինը, խառէ անկողինը ցնցել և թօթուել սաւանները, որպէսզի անկողինը օդ առնէ։ Պառկելու ատեն, նայէ՛ որ տղաք հանուին փութով և յիմարութիւններ չընեն, իրենց զգեստները ծալլածդնեն, իրենց անկողնոյն ոտքի կողմը աթոռի մը վըրայ, և իրենց ոտքի ամանները սենեակէն դուրս։

Թող միշտ աղտոտ ճերմակեղէնդ ըլլայ վերնայարկը կամ գոց սենեակի մէջ, մի՛ թողուր որ աղտեղի բան մը ըլլայ սենեակներուն մէջ. բացարձակապէս այդ կը պահանջեն առողջութիւն, կարգաւորութիւն և պատշաճութիւն։ Իսկ մաքուր ճերմակեղէնն, երբ լուացքէն դարձած է, վերստին երկաթով ողորկելէ առաջ խնամով քննէ՛ ամէն կտորները. ծածկուած կողովի մէջ դի՛ր բոլոր անոնք, որք նորէն նորոգուելու պէտք ունին, ծածկէ միւսները հին սաւանով, որպէս զի երկաթով ողորկելէ առաջ չաղտոտին,

Կարկըտելու համար սկսէ ամէնէն փոքր նորոգութիւններէն։ Այսպէս կողովդ շուտով կը պարպուի։ Պատռուածներուն բացուած տեղերը կցէ՛, կտորներ դի՛ր ծակծըկած պատառներուն. թել թել քակուած խըծիղները նորէն շինէ՛, նորէն կարգ պակսած կոճակները, կապիչները, ժապաւէնները։ Բայց ժամանակ մի՛ անցըներ շատ հինցած ճերմակեղէնը կարկտելու, որ չի կրնար ընդունիլ նոր կտորներ։ Պէտք է շարել իրարու վրայ աղէկ լուացուած հին ճերմակեղէնը մաքուր պարկի մէջ, որպէս զի հիւանդութիւն պատահած կամ ողորմութիւն տրուած ատեն առնուի։ Լաւ կարգաւորուած ճերմակեղէնով դարան մը բարի տանտիկնոջ մը փառքն է։ Զոյգ զոյգ լաւ ծալլուած սաւանները, անձեռոցները, ջնջանները, գոգնոցները, մարմնոյ ճերմակեղէնները, քառակուսի ուղիղ բարդերով՝ իրեն պարծանքն են։ Պէտք է դնել կտաւեղէններուն վրայ չոր հուսամի փնջիկներ և հիրիկի արմատներ, որոնք կուտան անոնց լաւ, առողջարար և հաճելի հոտ մը։

Կտաւեղէնի լաւ դարաններու մէջ կայ բանալիով գոցուած գզրոց մը։ Ապահով փականք մը սուղ չէ, և դիւրաւ կը դրուի այս գզրոցին։ Հոն կը շարուին դրամ, փոքր գոհարեղէններ, ընտանիքի արծաթեղէնքը և թուղթերը. ծննդեան, ամուսնութեան և մկրտութեան վկայագրեր, խնայողական արկղի գըրքոյկներ, մուրհակներ և արժէթուղթեր, ևլն, ամէնքն ալ ստուարաթղթէ տուփի մէջ զետեղուած։ Երկրորդ ստուարաթուղթէ տուփի մը պէտք է պարունակէ տուրքի, ապահովագրութեան, տան վարձուց անդորրագըրքերն. վերջապէս բոլոր թղթերն՝ որ կարևոր են լաւ կարգադրուած տան մը մէջ պահելու։ Պէտք է որ բանալին դրուի ընտրուած ծածուկ խորշի մէջ, որ պէտք է ծանօթ ըլլայ ամուսնոյն և կնոջ միայն։ Դարանին վերի կողմն կրնաս դնել բեղոյրի ստուարաթղթէ տփեր. Հին ճերմակեղէնի պարկը, ուրիշ պարկ մը՝ որ կը պարունակէ կարկատելի տանին զգեստներու կերպասի կտորուանք, ուրիշ պարկ մ՚ալ ուր կը դրուին ձեւուած ճերմակեղէնի նոր կտորուանք, այսինքն կտաւի, սատանգոփի, ասուեակի, արքենեայ պատառիկներ՝ որ կ՚իյնան նոր ճերմակեղէն մը ձեւելու ատեն։ Տան մը մէջ այս ամէնը իր օգուտն ունի։ Բայց թող այս նախազգուշութիւնք անկարգութիւն չպատճառեն, և չի դարձունեն փերթաքաղի խանութ մը. նոյնպէս պահէ՛ դարանիդ մի անկիւնը մի արկղ՝ որ պիտի ծառայէ քեզ իբր դեղարան։ Այսպէս ձեռքի տակ պիտի ունենաս վէրք կամ արկած պատահած ժամանակ ամէն ինչ որ քեզ օգտակար պիտի ըլլայ։

Թող միշտ կախուած և փարագուրով մը ծածկուած ըլլան քու վերարկուներդ, շրջազգեստներդ, քու որդւոցդ ու ամուսնոյդ զգեստները. եթէ անոնք դարանի մէջ չըլլան, քիչ ծախքով ընտիր ձորձակալներ կը շինուին փոքրիկ փայտէ ձողով մը, որուն մէջ օղագլուխ զամ մը կը զամուի․ պէտք է անցունել առասան մը այն զամին օղակէն և ամէնէն ճանկաւոր զամերով տախտակէ մը կախել։ Այսպէս կախուած հագուստներ պատռուելու վտանգէն ազատ կ՚ըլլան և զամերէ կախուածներու նման ձեւերնին չեն կորսնցներ։

Երբ հագուստները բոլորովին անգործածելի են, և կարելի չէ ներսը դուրս դարձնել կամ նորոգել որեւէ կերպով, զանոնք աղքատաց տուր․ այս կերպով դուն երջանիկ պիտի ըլլաս սփոփելով թշուառներն, թէեւ մեծ հարստութիւն չունենաս։ Կարգաւորութիւն և խնայողութիւն ի միասին կ՚երթան․ մին միւսը կ՚առաջնորդէ, և երկուքն ալ լաւ տուներ կը կազմեն։

Ամուսնանալուդ պիտի բերես լաւ օժիտ, քիչ մը կարասի, և ունեցած դրամդ։ Եթէ ամուսնանաս բարի գործաւորի մը, կոկիկ մարդու մը հետ, որ վարժ ըլլայ իր արհեստին կամ պաշտօնին մէջ, ձեր երկուքին շահածովը ապրելու համար պէտք եղածէն քիչ մը աւելի բան մը պիտի ունենաք, և որդիներ ծնանելէ առաջ դուք պիտի կրնաք ձեր տունը կահաւորել տակաւ և նոյնիսկ դրամ դնել խնայողական արկղն։ Սակայն այս բանը համեստօրէն և խաղաղիկ ապրելու պայմանով կ՚ըլլայ անշուշտ․ բայց ապահով եղի՛ր թէ երջանկութիւնը պէտք չունի ոչ պերճանքի և ոչ աղմկալից զուարճութիւններու։ Ուրեմն նախ և առաջ ձեր հաշիւն ըրէ՛ք, մօտաւորապէս հաշուելով թէ ի՞նչ պիտի ծախսէք հացի, մսի, ըմպելեաց, սննդեան, լուացքի, տաքնալու, եւայլն ի համար։ Աւելի յստակ մտքով ըսելով, շինեցէք ձեր ելեւմտացոյցը այսպէս,

ՄՈՒՏՔ

Տան ամուսնոյ

	Ամսական	150 ֆր.	
	Տարեկան	140×12	1800
Ծա։ կնոջ			
	Ամսական	50 ֆր.	
	Տարեկան	50×12	600
	Զանազան հասոյթք		200
	Համագումար		2600

ԵԼՔ

Տան վարձք	ֆր.	250
Տուրք		10
Ըմպելիք		250
Սնունդ		950
Լուսաւորում		30
Ջերմութիւն		50
Լուացում		60
Ամուսնոյ զգեստ		150
Կնոջ զգեստք		100
Կարասեաց ծախք		50
Զանազան ծախք		200
Համագումար		2100

Այս ընելէ յետոյ այնպէս մը կարգադրեցէք ձեր կենցաղավարութիւնն, որ ծախուց կողմը նուազ ըլլայ քան մուտքի կողմը. որովհետև պէտք է հաշուի առնել հիւանդութեան օրեր, գործադուլներ, արտասովոր ծախքեր։

Եթէ ամէն ամիս ամէն ինչ վճարելէ յետոյ ձեզ փոքր

գումար մը մնայ, առանց վարանման դիր խնայողական արկղը։ Մտիկ մի՛ ըներ անոնց՝ որ կ՚ըսեն, **պզտիկ գումարի մը համար նեղուիլ չարժեր**։ Մինչև իսկ եթէ միայն հինգ ֆրանք ունենաս մնացորդ, տար զայն. այս կերպով զայն ըստ հաճոյս վատնելէ փրկած պիտի ըլլաս, և հինգ հինգ ֆրանքով խնայութեանց գըրքոյկիդ մէջ բաւական կլոր գումար մը պիտի նշանակուի։ Տարւոյն վերջը մուտքի և ելքի ճիշդ հաշիւը տե՛ս, որպէսզի գիտնաս թէ արդեօք չափէն աւելի չէ՞ կենացդ համար ըրած ծախքդ, կամ թէ արդեօք կարո՞ղ ես ամէն տարի դարձեալ փոքրիկ գումար մը աւելցընելով հանդերձ աւելցնել նաև քիչ մը առտնին բարեկեցութիւնդ, կարասիքդ կամ հանդերձեղէնքդ։

Երբ քու տղայքդ քեզ հասկնալու չափ բաւական մեծ ըլլան, մի՛ վախնար որ անոնք քու այս տեսակ փոքրիկ գործերուդ տեղեակ ըլլան։ Կան մարդիկ՝ որ կ՚ըսեն. **Պէտք չէ այս ամէն բաներով տղոց միտքը նեղել**։ Հաւատա՛ թէ կը սխալին։ Պարկեշտ և ժրաջան ընտանիքի մը մէջ ամէն անդամ պէտք է մասնակից ըլլայ հասարակաց շահու վերաբերեալ բաներու։ Առանց տղոց միտքը իրենց հասակէն վեր հոգերով անհանգիստ ընելու, կարելի է վարժեցնել զանոնք տակաւ հասկնալու թէ իրենց ուտեստը, հագուստները, գըրքերը, խաղալիկները ինքնին չեն գար, թէ անոնց համար վճարուած դրամը հօր և մօր աշխատութեան պտուղն է, թէ կան օրեր, երբ դրամը սակաւագիւտ է, թէ պէտք է խնայել, և թէ բարի և անձնուէր տղայ մը պարտի կարելի եղածին չափ շուտ շահելու վիճակին մէջ ըլլալ իր ծնողաց օգնելու համար։ Սկիզբը ըսի. **Խելացի խնայողութիւն մը**։ Արդարև պէտք չէ շփոթել խնայողութիւնն՝ որ լաւ բան մ՚է, ագա-

հութեան հետ՝ որ անարգ բան մ'է։ Խելացի խնայո-
ղութիւն մը պէտք չէ դպչի ոչ առողջութեան, ոչ մաք-
րութեան, ոչ գթոյ։ — Այսպէս կարելի է խնայողու-
թիւն ընել փափկակերութեան, որկրամոլութեան վը-
րայ, բայց ոչ ընտանեաց ուտեստի բանաւոր ստակին
և քանակին նկատմամբ։ Գէշ սնունդ առած այր մը
և կին մը չեն կրնար աշխատիլ ոչ լաւ և ոչ շատ, և
շատ դժուարաւ կը հանդուրժեն իրենց վիճակին յոգ-
նութեանց, որով հիւանդութիւնք կը հասնին ու կ'ա-
ւերեն տունը։ Հին առած մը կ'ըսէ. Բժշկի երթալէն
առաջ լաւ է ջաղացէ երթալ։

Մաքրութեան մասին խնայողութիւնը պարշելի և
վնասակար բան մ'է։ Աղտոտ լաթ հագնիլ, ծակ կօ-
շիկներ, խղոտ հագուստներ կրելն անձին արժանա-
պատուութեան թերանալ է, վնասել է իր առողջու-
թեան, իր զարգացման, և բարի անուան՝ զոր պարտի
պահել իր ընտանեաց համար։ — Վերջապէս խնայո-
ղական պատրուակաւ պէ՞տք է միթէ խստասիրտ ըլլալ
իր նմանեաց, մերժել հաց կամ պնակ մը ապուր թըշ-
ուառի մը՝ որ անօթութենէ կը տառապի կամ ծախել
քիչ մը ստակի փոխարէն հին հագուստներ, որ դեռ ևս
կրնան ցուրտի դէմ պաշտպանել կիսամերկ փոքրիկ
թշուառ տղայք։ Ո՛չ, սիրելիդ իմ Գեղանոյշ, չգոցենք
մեր սիրտը այլոց տառապանաց դէմ։ Մենք ամէնքս
ալ եղբայր ենք, ամենքս ալ որդիք նոյն հօր՝ որ եր-
կինք է, և պարտինք միմեանց օգնել այն ամէն
տուայտանաց մէջ, որոնցմով աշխարհի կեանքն լեց-
ուած է։ Միթէ միեւնոյն տառապանքին մենք ալ են-
թակայ չե՞նք։ Ամենէն մեծ հարստութիւններ յանկարծ
կը կործանին. խորհէ՛ թէ մի քանի ամսուան մէջ ձա-
խողութիւնը կամ մահն մինչև ո՛ւր կրնան իջնեցնել ա-

մենէն բարդուած տուն մը։ Չեմ ուզեր այս դառն մըտածմանց վրայ երկարաբանել, բայց միայն կ'ուզեմ ցուցնել թէ լաւ է երբեմն անոնց վրայ մտածել։ Անոնք կը սորվեցնեն խոհեմութիւն երջանիկ օրերու մէջ, և կը պատրաստեն անտրտունջ համակերպութիւն և քաջութիւն դժնդակ օրերու համար։

Այս նամակը կ'աւարտեմ այն պզտիկ պատմութեամբ, որ յարմար պիտի գայ ցոյց տալու թէ մինչև ո՛ւր կրնայ տանիլ պզտիկ բաներու մասին անփութութիւնը։

Բաց դրան մը վտանգը եւ խնայողութեան դաս մը։

Կը յիշեմ թէ գիւղն եղած ատենս, տեսայ օրինակ մը այն փոքրիկ մնասներուն, որոնց կ'ենթարկուի տուն մը անփութութեան պատճառաւ։

Առ ի չգոյէ չնչին դամփակի մը, հաւբակի մը դուռն՝ որ դաշտերու վրայ կը նայէր, յաճախ բաց կը մնար։ Ամէն ելնող դուռը կը քաշէր, բայց դայն դոցելու համար, արտաքին սնէ միջոց չըլլալով, դուռը բացխփիկ կը մնար։ Հաւբակին անասուններէն շատերը այս կերպով կորսուած էին։

Օր մը մատաղ և գեղեցիկ խոզ մը փախաւ դէպի անտառներ։ Ահա դաշտին բոլոր մարդիկ, պարտիզպան, խոհարարուհի, հաւբակի սպասաւոր աղջիկն փախչող կենդանւոյն ետևէն հետամուտ ըլլալու ելան ասդիէն անդիէն։ Առաջին անգամ պարտիզպանը նըշմարեց, և անոր ոտքը արգիլելու համար փոսի մը վըրայէն ցատկելու ատեն վտանգաւոր կերպով ճմլուեցաւ, որով տասնևհինգ օրէն աւելի անկողնի ծառայեց։ Խոհարարուհին խանձած գտաւ այն ճերմակեղէնը զոր կրակին քով ձգած էր չորնալու համար, և որովհեռու հաւքակի սպասուհին անասունները կապելու ժամանակ չունեցած հեռացած էր գոմէն, կով մը անոր բացակայութեան ատեն քուռակի մը սրունքը կոտրեց, որ միեւնոյն ախոռին մէջ կը պահուէր։ Պարտիզպանին կորուսած օրականները 60 ֆրանքի եղան, նոյնչափ կովուն եւ քուռակին վնասը։ Ահա այսպէս չնչին դըռնափակ մը չըլլալով մի քանի վայրկեանի մէջ հարիւր քսան ֆրանքի վնաս մը առաջ եկաւ այնպիսի մարդոց, որոնք շատ խնայողութեան պէտք ունէին, չհաշուելով հիւանդութեան պատճառած նեղութիւնները, ոչ անհանգստութիւն եւ ծախքէն դուրս եղած ուրիշ անպատեհութիւններ։ Ասոնք չէին մեծամեծ աղէտներ կամ մեծ վնասներ. սակայն երբ գիտցուի թէ անզգուշութիւնն ամէն օր այսպիսի պատահարներ կը պատճառէր, եւ ի վերջոյ փճացուց պարկեշտ ընտանիք մը, ամէն ոք պիտի ըսէ թէ կ'արժէր այս մասին հոգ տանիլ։

Ժ. Բ. ՍԷՅ

Ազգականաց գալը, մանկան մը յաջողութիւններն ուրախութեան առիթներ են.

Նամակ Դ.

Բարեբախտաբար բար կեանք չէ եղած աշխատութեան եւ հոգերու համար։ Հարսանիք, մկրտութիւն, ազգականի մը գալն, մանկան մը յաջողութիւնները ուրախութեան առիթներ են, զորս բարի ընտանեաց մէջ կը սիրեն տօնախմբել գումարումներով։ Այսպիսի պարագայի մէջ բարի ընտանիքը իր բոլոր ազգանոցը կը

ցուցնէ, բոլոր տնեցիք կամաւ կ'օժանդակեն այս է
նին. մանչերը ապսպրուած բան մը կատարելու կ'ե
թան, աղջիկները սեղանը կը պատրաստեն, տունը
զարդարեն. ամէն ոք իր ջանքը կը նուիրէ, և ամ
քը փափաքող են ընտանիքը պատուելու։ Տուներ կա
ուր բոլորովին կը շփոթին այսպիսի պարագայի մ
չգիտեն ո՛ւրկէ սկսիլ և ամէն ինչ ձախող կ'երթա
Այնպէս մի՛ լինիր, սիրելի՛դ իմ Գեղանոյշ, պահէ՛ ք
պաղարիւնութիւնդ գլուխդ կրակի մէջ եղած ատե
և քու ամենօրեայ կեանքիդ ճշդութեան և կարգա
րութեան սովորութիւնները զքեզ չպիտի լքան
Կ'ուզեմ քեզ օգնել մի քանի խորհրդով։

Նախ և առաջ պէտք է լաւ հաշուել այն փո
գումարը, որ կրնայ ծախսուիլ և զայն ողջմտութեա
բաշխել. այսչափ մսի համար, այսչափ բանջարեղէ
ներու և պտղոց համար, այսչափ աղանդերի համա
այսչափ գինւոյ և խահուէի համար, այսչափ զան
զան ծախուց համար։ Մանաւանդ պէտք է զգուշան
մեծածախ սեղաններէ և թերի պերճանքէ, ինչպ
օրինակի համար աժան գինով իշխանաձուկ գնել,
թարմ չէ, հոտելու սկսած որսի միս, կարկանդա
օթեկ հաստատեր, փտած պտուղներ և գէշ ալքօլով
աղխտայով պատրաստուած Մատերայի գինի։ Այսա
ընելով ոչ ոք գոհ կ'ըլլայ, ոչ հրաւիրեալները, որո
կը հրամցուին խոտելի կերակուրներ, և որոնք
խնդան քու յաւակնութիւններուդ վրայ, և ոչ նե
թական կարողութեանդ, որուն վրայ կը ծանրացն
կարգէ դուրս ծախք մը։

Եթէ կ'ուզես քու բարեկամներուդ հաճոյք պա
ճառել, տո՛ւր անոնց սեղան մը լաւ, խնամուած, հա

գրատուէտ, առատ ըստ բաւականին, որմէ ամէն հանդիսական ճաշակէ, և որուն մնացորդները դեռ հետեւեալ օրն ալ օգտակար կարենան ըլլալ։ — Եղանակին համեմատ պատրաստուած պարզ ճաշացուցակներ ընտրէ՛։ — Ըմպելեաց մասին երկրիդ մէջ սովորաբար խմուած ըմպելին, այսինքն գարեջուր, խնձորօղի, կամ չանչագինի պէտք է կարելի եղածին չափ առատ եւ լաւագոյն տեսակէն ըլլայ։ Ամառ ատեն պէտք է զով պահել զայն։ — Լաւ գինւոյ գալով (լաւագոյն է շիշ մը Պորտոյի կամ Կիպրոսի գինի առնել ընտիր վաճառատունէ քան թէ նպարավաճառէ կամ գինետունէ յառի տեսակէն երեք շիշ գնել։ Ճաշէն վերջ գաւաթ մը սուրճ միշտ հաճոյք կը պատճառէ. պէտք է մեծ խնամով զայն պատրաստել։ Այդպիսի օրերու մէջ պէտք է որ անխառն ըլլայ սուրճը։

Այրերը կ՚ուզեն օղի եւ խառնել հանդիսին. քու դրամդ մի՛ վատներ այն վարդագոյն, կանանչ, դեղին յոռի գեղերու համար, որոնք կը ծախուին արուեստակեալ ձեւով շիշերու մէջ, որք թոյն են։ — Լաւ տեսակէն քիչ մը օղի բաւական է։ Երբ ճաշն աւարտի, մնացորդը եթէ չես ուզեր թափել, փոքրիկ շշի մէջ կը դրուի և բերանը խնամով կը գոցուի։ Հետեւեալ օրը տանտիկինը շիշն իր պահարանին մէջ կը դնէ։ Այսպէս ըրէ՛ ուրիշ առտնին ըմպելեաց մասին։ Մեծ անմտութիւն է ըսել. շիշը սկսուած է պէտք է հատցունել զայն։ Այս կերպով մարդ կը սովորի ոգելից ըմպելիքներու և փոքրիկ որկրամոլութիւններու, որ թերեւս ամենէն աղետալի սովորութիւնն է կնոջ մը համար. վասն զի այն է որ կը տանի զանի ամէն թերութեանց։ Մանաւանդ այս՝ տակի շատ անհեդեդ վատնում մ՚է։ Նոյն իսկ երբ տունէն ալ չինուի, ամենէն պարզ ըմ-

պելլին սուղ կ'ելնէ դարձեալ. ամէն անգամ որ սկսուած շիշ մը լմնցունէք, 2 ֆրանք պատուհանէն դուրս կը նետէք։ Եթէ այս բանը տասն անգամ պատահի տարւոյն մէջ, 20 ֆրա՜նք, փոքրիկ բնակարանի մը վարձքին տասներորդ մասն է, ամուսնոյ մը համար վեց շապիկի գինն է, կնոջ մը համար փոքրիկ աշուեայ վերարկուի մը, տղայոց համար երկու զոյգ լաւ մուճակի, բուրդէ ծածկոցի մը, զոյգ մը սաւանի, երկաթէ մահճակալի մը, սպիտակ փայտէ պահարանի մը, երկոտասնեակ անձեռոցի հանդերձ սփռոցով, անկողնի համար վարագոյրներու կազմածի մը, առեղնագործութեան համար քաշ մը բուրդի, երկու քաշ բամպակեայ թելի, ուրիշ այնքան լաւ օգտակար, հաճելի, հանգստաւէտ բաներու, որոնցմէ տանտիկին մը յաճախ ցաւով կը զրկուի։ Այսպէս խոհեմ և իմաստուն ծնողք իրենց զաւակներուն չեն տար ոգելից ըմպելիներու ճաշակն։ Մտիկ չեն ըներ անոնց, որոնք կ'ըսեն. Է՜, կ'աքիլ մը ի՜նչ վնաս ունի, պէտք է մանաւանդ որ մարդ ըլլայ։ *Մարդ ըլլալ չէ՜, երբ շատ կանուխէն ալքոլի սովորութեան ճամբան կը բռնէ մէկը՝ որ կը լեցնէ դատարանները մուրացիկներով և անկելանոցները յիմարներով։*

Ընտանեկան համախմբութեանց մէջ երբ տղայք աղանդերէ և համադամներէ իրենց բաժինն առնեն, պէտք է մեկնին սեղանէն և երթան ուրիշ տեղ մը զբօսնուն։ Արդէն իսկ սուրճի ժամանակն է որ մարդոց գլուխը տաքցած կ'ըլլայ, լեզուները կը բացուին, և այնպիսի խօսքեր կ'ընեն՝ որ լաւ չեն գար մանկական լսելիքներու։

Ամուսինք ընդհանրապէս լաւ ասպնջականութեան մը պատրուակով գինւոյ շիշերուն և ոգելից ըմպելիք-

ներու բաժակներուն թիւր. չտալնելու կը նային։ Առանց ամուսնոյն հսկատակելու բարի մայրը կը հսկէ որ այս փոքրիկ հանդէսները չուայտութեան չդառնան։ Կը ջանայ արգիլել վէճերը, բանակռիւները, կրօնական պայքարները, չար խնդիրները. շատ անգամներ պատահած է որ ընտանեկան ճաշերու վերջը այսպիսի կռիւներ ըլլան։ Պէտք չէ թոյլ տալ աղտոտ և անպատշաճ խօսքեր։ Պարկեշտ կին մը պէտք է միշտ յարգելի ընծայել անձը։ Հարկ չկայ ասոր համար երբեք թթուեցնել կամ մռմռալ կամ զայրագին կերպարանք առնել։ Յարմար խօսք մը, լուրջ դէմք մը, ցուրտ կերպարանք մը բաւական են միշտ հաս-կըցնելու պատշաճութեան սահմաններու մէջ պահելու համար անկիրթները։

Չափէն աւելի ընտանեկան խաղերն պէտք է վըտարուին պարկեշտ տուներէ։ Կարելի է շատ զբօսնուլ առանց իրար հրելու, հրմշտկելու, իրարու գէշ խաղ մը խաղալու, հազար անճոռնի բաներ ընելու կամ ըսելու՝ որք կը նեղեն խոհական մարդիկը, և զուարճանալու մասին առաւելութիւն չեն ընծայեր։ Մաքուր և անկեղծ զուարթութիւն մը այնքան չչնկոցի պէտք չունի։

Մաս մը բախտի խաղ, կամ ԵՐԵՍՈՒՆ ԵՒ ՄԷԿ թուղթի խաղը, մի քանի երգեր, ցուցք կամ երգեր, կամ լաւ ընտրուած գրաւ բանալու խաղեր շատ հաճելի կերպով անցունել կուտան երեկոյթը. այս գոհութեամբ ամէն ոք կը բաժնուի իրարմէ։

Հացկերոյթ տալու օրն առաւօտէն պէտք է սկսիլ մաքրել և կահ կարասիքը լաւ յարդարել։ Սովորական աշխատութեան վերաբերեալ բան մը պէտք չէ թողուլ։ Ուտեստի գնումները պէտք է կատարել նախըն-թաց օրերը։ Երբ ամէն ինչ լաւ աւլուած է, սրբուած, կարգաւորուած, պէտք է սեղանը դնել, ընտիր մաքրութիւն մը անհրաժեշտ է։ Շատ սպիտակ և արդուկուած կտաւ, գաւաթներ, անձեռոցներ, ջինջ ապակեայ շիշեր, դանակներ, որոնց երկաթը փայլեցնելու համար կաշուոյ վրայ քսուած է, խնամով ծալլուած անձեռոցներ, համաչափ դրուած սպասներ՝ սեղանին կ'ընծայեն զուարթարար և կոկիկ տեսք մը, որով կը պարարին աչքեր, և կոչնականաց ախորժը առաջուց կ'ուրախացնեն։ Գիւղերը ամէն եղանակաց մէջ կարելի է սեղանը դնել ծաղիկներ և պտուղներ։

Քաղաքներու մէջ դժուարին է այս։ Բայց ծաղկանց տեղ կը պատրաստեն պտղոյ բրգաձև կոյտեր։ Խնձորներ, նարինջներ տեղ տեղ յունուար ամսոյ մէջ սուղ չեն։ Մամուռներով շրջապատելով զանոնք և ճաշակով զետեղելով սեղանին մէջը կամ երկու ծայրերը, աչքի հաճելի տեսք մը կ'ընծայուի։ Ամրան ատեն կեռասներ, ելակներ, հաղարջներ, արքայամորեր իրարմէ զատ որթի տերևներու վրայ շարուած սեղանին չորս ծայրերը դրուած պնակներու մէջ, հրապուրիչ ձև մը կուտան, մանաւանդ եթէ զարդարանքը ծաղկեփունջով և տերևներով կատարեալ ըլլայ։

Եթէ արծաթեղէններ չիկան, աւելի լաւ է գործածել անգղիական մետաղէ սպասներ, զորս կաւիճով շփելով փայլեցնելու է քան թէ գէշ արծաթազօծ դըգալներ և պատառաքաղներ։ Սնոտի պերճանք է, վասն զի այս սպասներ աւելի գէշ ըլլալով հանդերձ աւելի սուղ են քան թէ մետաղի քաղադրութենէ ամուր շինուած սպասներ և աւելի քիչ կը դիմանան։

Նոյնը պիտի ըսեմ նաև փղոսկրէ կամ եբենոսէ կոթով դանակներու համար, որոնց կարծեցեալ բերանը երկաթէ է և կոթը ոսկրէ կամ ներկեալ փայտէ, և որք շուտ կը խախտին քիչ մը հաց կտրուելուն պէս։

Յաճախ կը պատահի որ ազգականաց և բարեկամաց մէջ փոխ կը տրուին անօթ, գաւաթներ, սպասներ, կտաւներ, ևլն. ընտանեկան՝ սակաւաթիւ գումարմանց մէջ։ Յիշէ՛ թէ բարի տանտիրուհի մը ամենէն մեծ խնամքը կը տանի իրեն փոխ տրուած բաներուն, և պարտի կարելի եղածին չափ շուտ ետ տալ մինչ լաւ վիճակի մէջ․ անօթը մաքրուած, դանակները յղկուած, բաժակները և անօթները լուացուած, ճերմակեղէնները լուացուած և ողորկուած։ Եթէ որ և է բան կոտրած է կամ կորսուած, պէտք է անոր տեղը դնել անշուշտ, և կարելի եղածին չափ նման առարկայ մը։ Վերջապէս երբ ամէն ինչ պատրաստ է և կը մնայ միայն վայելել այն փոքրիկ զուարճութիւնները, զորս տանտիկին մը պատրաստած է, արդարացի է որ ինքն ևս մասնակցի։

Մեծ զուարճութիւն է տեսնել սեղանին շուրջ բարի և զուարթ դէմքեր ազգականներու և բարեկամներու։ Պէտք է ամենուն հոգ տանիլ, նայիլ որ ոչ ոք մոռցուի. լաւագոյն կտորներն ընծայել տարեց մարդոց կամ անոնց, որոնց կ'ուզուի պատիւ ընել, բայց պէտք չէ ձանձրացուցիչ եղանակաւ մը հիւրերը ստիպել, ոչ ալ թախանձել որ ուտէ իր սիրած մէկ կերակուրէն և կամ դարձեալ առնել կերակուրէ մը, զոր կը սիրեն, բայց որմէ բաւական ունին։ Վերջապէս պէտք է համոզուիլ թէ ճշմարիտ քաղաքավարութիւնը կը կայանայ իր տունը կարելի եղածին չափ ախորժելի ընծայել հրաւիրեալներու։

Երբեմն կը պատահի նոյնպէս ճաշել ուրիշներ տունը. պէտք չէ շատ կանուխ երթալ, որովհետև չ կը նեղուի տան տիրուհին, և ոչ ալ ուշ, զի խորով ծը կը չորնայ և միւս կոչնականներուն համբերո թիւնը կ'սպառի։ Պէտք է լաւագոյն հագուիլ, վա զի հիւրընկալները պէտք է պատուել և այսպիսի ռիթններու համար է որ մարդ կը պահէ հանդիսակ հագուստներ։ Եթէ տղայք ալ տարուին, պէտք է հ տանիլ որ մաքուր հագուած ըլլան, լաւ լուացուա սանտրուած, ձեռքերնին մաքուր, եղունգներն մա րուած և կտրուած, սպիտակ թաշկինակ մը իրե գրպանը։ Եթէ ձմեռ է, պէտք է որ հետ առնեն փ ղապաններ, ցփսի, ելն. որովհետև ճաշի մը առեն գեւորուելէն և բազմութեամբ լցուած փոքրիկ սե եակներու մէջ փակուելէն յետոյ արիւնը կ'եռայ տաքէն պաղ անցնիլը կրնայ պատճառել հարբու փողացու, ցնցղատապ, ևայլն։

Յաճախ ծնողք քիչ մը անհանգիստ կ'ըլլան ի իրենց տղայք ի՞նչպէս պիտի վարուին օտարականն քով։ Ապահով եղի՛ր որ եթէ տղաքդ վարժեցուց ես քաղաքավարութեամբ քու տանդ մէջ պատշաճո թեան, լաւ ձեւերու, դուրսն ալ նոյնը պիտի ըլլա ինչպէս տանը մէջ։ Տեղի չունիս վախնալու որ մ գուցէ իրենց արմուկը սեղանի վրայ դնեն, մատերն քթի մէջ խոթեն, և ձեռքերնին իրենց գաւաթներու մէջ. թէ մի՛ գուցէ պտուղներու կուտերը սկաւառա ներու մէջ ձգեն բերներնուն դուրս հանելով, փոխա նակ նախ իրենց ձեռքին մէջ առնելու, անախորժ ձա ներ հանեն ուտելու ժամանակ, իրենց քովը նստող ս ղանակիցները ձանձրացնեն։ Բարձրաձայն ուզեն իրե առջեւ եղած ամէն բանէն կամ աղանդերներ լեցունեն իրենց գրպաններուն մէջ։ Սովորաբար երես եղած տղայք երբեմն այսպիսի անմտութիւններ կը գործեն, և ծնողաց մեծ յիմարութիւն է կարծել թէ մեկնելէ առաջ խելօք կենալու երկայն պատուէրներ տալով բոլոր յոռի ունակութիւնները պիտի անհետանան իբր հրաշքով։ Սակայն երբ տղայք խելացի և ուշիմ են, չեն ուզեր բազմութեան առջեւ իրենց ծնողքը ամըչցընել, և թէև տան մէջ քիչ մը երես առած ըլլան, ընկերութեան մէջ աղէկ կը կենան։

Երբեմն տղայք ոմանք, մանաւանդ փոքր մանչերը անճարակ և վախկոտ կ՚երեւան և կը մերժեն իրենց ծնողաց հետ երթալ։ Պէտք չէ մտիկ ընել անոնց, վասն զի մէկ կողմանէ շատ գէշ բան է տղաքը առանձին թողուլ, մինչև իսկ յանձնելով դրացիներու, որոնք վստահելի կը կարծուին և գուցէ չեն, և միւս կողմէ աղէկ բան է, մինչև իսկ կարեւոր է որ տղայք և պատանիք ընկերական յարաբերութիւն կոչուած բանին վարժուին իրենց ծնողքին աչքին առջև։ — Պէտք է վարժեցնել զանոնք յաղթելու կեղծ ամըչկոտութեան, որ ներկային մէջ ընտանիքին անհաճոյ կ՚ընէ զիրենք և ապագային մէջ կրնայ անոնց վրայ հրաւիրել ծանր տաղտկութիւններ։ Տղայութեան և պատանեկութեան մէջ է որ կ՚ստացուին այն ունակութիւնք համարձակութեան, վստահութեան թէ՛ իրենց անձին և թէ այլոց վրայ, որով գործերն այնչափ կը դիւրանան։ Պարկեշտ պատանի մը պէտք չէ մէկէ մը վախնայ, և իր համարձակ դէմքը, իր անխըռով, պարզ և սիրուն կերպերը իր անձին պարկեշտութիւնը պէտք է յայտնեն։

Իսկ խիզախութիւն, լրբութիւն դուն ուրեք կը տեսնուին պատուաւոր ընտանիքի մէջ մեծցած տղայոց վրայ։ Քեզ կը ճանչնամ և չեմ վախնար որ քու աղջիկներդ կամ որդիքդ նմանին այն ստահակ պատանիներու կամ այն թեթեւամիտ պչրող աղջկանց՝ որոնց նայելով խելացի մարդիկ ուսերնին կը թօթուեն, և համոզուած եմ որ քուկիններուդ վրայ խօսուած ատեն՝ հօր և մօր ականջին հեշտալուր սա խօսքերը յաճախ պիտի յեղյեղուին. Ահա արդարեւ բարեկիրթ զաւակներ։

[*Թարգմ.*]

ԳԼՈՒԽ Ը.

ԸՆՏԱՆԵԿԱՆ, ՄՏԵՐՄԱԿԱՆ, ԼՈՒՐՋ ՆԱՄԱԿՆԵՐ

Դիտողութիւն. — *Պարզ, համարձակ, հեշտ, նոյն իսկ զըւարթ ոճ մը պէտք է տիրէ ընտանեկան նամակներու մէջ. սակայն ոչ գռեհիկ կերպով. Պէտք չէ խաբուիլ* **ընտանեկան** *մակդիրէն։ Պատշաճ է որ գրողն իր անհատականութեան, իր լեզուին դրոշմը տայ իր այս նամակներուն եւս։*

1. Մայր մը իր աղջկանը։

Սիրելի՛ աղջիկս,

Քեզ չտեսնե՛լ և քեզ հետ խօսելու հաճոյքէն

զուրկ ըլլալ, ի՛նչ ցաւ։ Ո՜րչափ մեծագնի է ինծ այս գոհողութիւնը. ամէն ժամ այն սէրն՝ զոր պարտիմ քեզ, կը խօսի սրտիս։ Կ՚ըսեն թէ բարւոք դաստիարակութիւնն այն պատուական հարստութիւնն է զոր հայրն ու մայր կրնան տալ իրենց որդիներուն. և այս է զոր ամենէն աւելի կը փափաքիմ քեզ տալ։ Վերջապէս բաժնուած եմ քենէ, բայց քաղցրիկ յիշատակներ սիրոս քեզ հետ կը կապեն անքակտելի։ Ո՜հ, քանի՜ քաղցր էր օրուան տաղտկութիւններէն յետոյ տեսնել քեզ՝ որ բազուկներուս մէջը կը թռչիս, և կ՚ընդունիս գորովալից զգուանքներ, և ունկնդրել սիրելի խորհրդածութեանցդ, և լսել այն դասերը, զորս քեզ տուած եմ։ Եթէ կարելի ըլլար ինծ անձամբ ուսուցանել քեզ, հաճոյագոյն զբաղումը պիտի ըլլայ այդ ինծ համար. բայց լուրջ և հաստատուն դաստիարակութիւն մը կարելի չէ սուղ ժամանակի մէջ տալ։

Կը վախնայի թէ դպրոցն՝ որուն կը վստահէի, չպիտի կրնայ տալ փափաքած դաստիարակութիւնս. այժմ չունիմ այդ երկիւղն ո՛չ քու սրտիդ և ո՛չ քու մտքիդ համար։ Ամէն անզբաղ ժամերուս քեզ գրելու պիտի գործածեմ. ատով պիտի սփոփեմ սիրտս, պիտի կարծեմ քեզ հետ խօսիլ, և այս քաղցր պատրանքը քու հեռակայութեանդ համար ունեցած վիշտս պիտի մեղմացնէ։

Եւ դու, աղջի՛կս, յաճախ գրէ՛, գրէ՛ ինծ, ոչ թէ իբրև մօրդ, այլ իբրև բարեկամուհիի մը՝ ուրկէ մարդ բան չծածկեր։ Հաղորդէ՛ ինծ տագնապներդ, վշտերդ, տարակոյսներդ, կամ եթէ չունիս գրելու բան, գրէ՛ ինծ գէթ թէ կը սիրես զիս միշտ։

[Թուական]

* * *

2. Պատասխան։

Սիրելի՛ մայրս,

Ընդունեցի նամակդ և յափշտակութեամբ կարդացի զայն. կրկին կարդացի, ուրախութեան արցունքներովս ծածկելով զայն։ Ի՜նչ տարբերութիւն հեռակայութեանս առաջին օրերէն վերջ այժմու վիճակս։ Երբ հոս եկայ, ո՜րչափ յուզուած էի. արցունքի անզուսպ հեղեղներ կը պոռթկային սրտէս, որովհետև քեզ կը փնտռէի և ոչ մէկ տեղ կը գտնէի. կը յիշէի քաղցր գգուանքներդ, որոնցմէ զրկուիլ շատ ծանր էր սրտիս։ Այլ, մա՛յր իմ, թէև դժուարին է բաժնուիլ քենէ, բայց կը մնամ այս դպրոցին մէջ, որովհետև գիտեմ թէ իմ օգտիս համար զիս հոս դրած ես։ Խոստացած ես գրել ինձ յաճախ. միշտ թղթերդ կը համրեմ սփոփուելու համար հեռաւորութեանդ վշտերէն։ Վըստահաբար կը սպասեմ տեսնել կատարումն այն խոստման, զոր ըրած ես նամակներդ ստէպ գրելու մասին։ Վստահ եղիր հնազանդութեանս, խորհուրդներէդ օգտուելուս, մանաւանդ այն ջերմ սիրոյն՝ որով ի սրտէ կը գրկեմ զքեզ։

[Թուական]

* * *

---

3. Ընկերուհի մը իր ընկերուհիին։

Սրտակի՛ցդ իմ,

Կա՛յ արդեօք բառ մը՝ որ բացատրէ կրած բոլոր

տագնապներս քան հիւանդ բառն։ Հիւանդ եմ, ամէն ինչ մռայլ կը տեսնեմ, ամէն ինչ տխուր․ սենեակիս լռութիւնը կը խանգարի ընդհատ ընդհատ հառաչներովս, բացականչութիւններովս։ Չեմ այլ եւս այն զուարթ աղջիկն, դալկահար և բոլորովին հիւծուած կը սպասեմ ժամէ ժամ յուսոյ հրեշտակին։ Մայրս, գորովալից էակ, կը խրախուսէ զիս կռուիլ քաջաբար ցաւոց դէմ, բայց ի՞նչպէս կարող է տկար օրիորդ մը կռուիլ․ նա միայն աղօթել գիտէ, համակերպիլ անողոք բաղդին։ Այլ դեռ մարած չեն բոլոր յոյսերս, և միթէ կանուխ չէ՞ աշխարհէ մեկնիլ, հոն՝ ուր սիրելիներ ունիմ։ Կ՚զգամ թէ յուսահատութիւնն ոճիր է, և կեանքն պարգև է երկնային, երջանկութի՛ւն, զոր ընդերկար պիտի վայելեմ անշուշտ և այս գոհութեամբ պիտի մեռնիմ։

Կ՚աղաչեմ որ նամակներդ ստէպ գրես․ ես չեմ կարող այս վիճակիս մէջ յաճախ գրել․ կը դողդոջեն ձեռքերս, և միտքս կը նմանի գրքի մը՝ որուն թերթերը ցրուած են։ Ներողամիտ եղիր։ Ի քաղցր տեսութիւն։

[Թուական] * * *

---

4. Պատասխան

Քաղցրի՛կդ իմ,

Այժմ աւելի կը տխրիմ հեռակայութեանդ պատճառաւ, վասն զի այս տառապագին օրերուդ մէջ կ՚ուզէի գալ և սփոփել քեզ, խանդակաթ մօրդ հետ բաժնել ծառայութիւնն, զոր կը յուսայի մատուցանել քեզ։ Քեզ հետ ի միասին կ՚ուզէի աղօթել և երկնային դժութիւն հայցել ապերջանիկ վիճակիդ համար։ Բայց թէպէտև հեռու, սակայն գիտեմ թէ կը հաւատաս հոգւոյս թրթռալին քու սնարիդ վերև։ Հաւատա՛ նոյնպէս ի՛է երբ բանաս սենեկիդ պատուհանը և գարնանաբեր ճառագայթները հետ ներս գայ շունչ զեփիւռին հովահրելու տրտմալից ճակատդ, հաւատա՛, կ'ըսեմ, քո՛յր իմ, թէ սիրելւոյդ շունչն է որ կը համբուրէ քեզ։ Ծաղկա՛նց բոյրը չունի մեր սիրոյ քաղցրութիւնը։

Կը մաղթեմ որ յառաջիկայ նամակդ չգրես դողդոջուն ձեռքերով, և գրիչդ դարձեալ ընդ առաջնոյն բացատրէ ներքին զուարթութիւնդ՝ որ միշտ անմեղութեանդ յայտարար է։ Քոյդ յաւէտ

[Թուական]

* * *

5. Ընկերուհի մը իր ընկերուհիին։

Սիրեցեա՛լ ընկերուհիս,

Ձեր հեռաւորութեան միջոցին միակ փափաքս է նամակ ուղղել Ձեզ. այս կերպով միջոցն կտրել անցնիլ և գալ Ձեր մօտ, խօսիլ Ձեզ հետ և յայտնել հոգւոյս ծարաւը։ Ի՛նչ է արդեօք Ձեր լռութեան պատճառը. այս է որ զիս աւելի կը տխրեցնէ. ես ինձ կը հարցունեմ. Ի՞նչպէս է արդեօք քաղցրիկ քոյրս. և ձայնիս ոչ ոք կը պատասխանէ։

Այսուհետև ատէպ չպիտի գրեմ նամակ, զի թըղթակցութիւնն ալ պատրանք մ'է, ես կ'ուզեմ շունչ ի շունչ միանալ, մէկմէկու քով սրտէ սիրտ խօսիլ. ի զո՛ւր կը թափառին նայուածքներս բնութեան, երկնի շքեղ տեսարաններուն վրայ. կուզեմ մանաւանդ որ մեր նայուածքներ իրարու մէջ ամփոփին, մէկ խօսքով ձեր մօտ ըլլալ կը ցանկամ:

Կը փակեմ թուղթս, անկեղծ սրտով համբուրելով Ձեզ:

[Թուական]

* * *

6. Մայսա Տիկին Սիրայի:

Տարաբաղդ Հրանոյշի օրերը վերջանալու մօտ կը թուին: Մեր ընկերութիւնը անոր համար անհրաժեշտ պէտք մ'եղած է. հետեւապէս երբ անկարելի է անոր շրջագայութեան երթալը՝ իր տանը մէջ կ'ընկերանանք իրեն:

Անընդհատ կը խօսի կոյս երեւակայութեան երազներուն վրայ որք կենաց երազին մէջ պիտի անհետանան: «Աւա՜ղ, կ'ըսէր, երբէք կեանքն այնքան սիրելի չթուեցաւ ինծի որչափ արդ որ խոյս կուտայ ինծմէ:» Ուրիշ անգամ մ'ալ կը մրմնջէր. «Ես վայրենի անտառ մ'եմ որ իբր շող ճաճանչեցի միայն շանթերուն փայլը որ անոր գագաթը լուսաւորեց: Կեանքս ճերմակ էջ մ'է ուր ո՛չ մի սիրտ անունը գծեց, այլ մահը միայն իր սեւ գրոշմը դրաւ հոն: Գիտնայիք թէ ո՛րքան աղետալի է հրաժարիլ կենաց բոլոր վայելքներէ: Ես ալ հոգի մ'ունիմ ուրիշներուն նման, ես ալ երիտասարդ եմ, ես ալ գիտէի սիրել, գիտէի ժըպտիլ երկնից և ծաղկանց: Եկայ, տխուր վկայ մը հանդիսացայ կենաց վայելից, և առանց մասնակցելու անոր, վշտերս ուսիս վրայ բեռնաւորած՝ մահուան մութ կայանը կ'իջնամ տրտմայոյզ»:

Օր մը իր վիճակը սաստկացաւ յանկարծ։ Ցուլիանէն տուն խրկեցի, և ես գիշերն ի բուն հսկեցի հիւանդին վրայ՝ իբրև մայր իր սիրելի որդեկին։ Կը նայէր ինձ երախտագէտ աչօք և կ'ըսէր․ «Ո՛րչափ պիտի պաշտէի զքեզ թէ ապրէի․ բայց երկինքէն վերադ պիտի հսկեմ։ Դու մեղմացուցիր ճակատագրիս դառնութիւնն այս վերջին օրերուս մէջ, և ես կ'օրհնեմ զքեզ ի փոխարէն զի չունիմ այլ ինչ նուիրելու բացի օրհասական հոգւոյ մը օրհնութիւններէն»։

Հէ՛ք աղջիկ, կարծես յուսահատութիւնը զինքը ամէն վայրկեան կը կեղեքէ։ «Ա՛հ, ըսաւ, կենացս հորիզոնը միշտ մթագած և սպառնալից էր։ Երիտասարդութիւնս գարուն չունէր․ մինչ ծաղիկներ կ'որոնէի, տեսայ յանկարծ փոս մը որ կը բացուէր ոտիցս ներքև․ Նայեցայ անդ, տեսայ մահը, որ կը ժպտէր ինձ, և դողասարսուռ աչքերս կափուցի։» Մահուան մերձաւորութիւնը այսպէս զգալ՝ հոգւոյն համար անյատակ անդունդին մէջ թաւալիլ է չարունակ։

[ՄԱՅՏԱ] ՍՐԲՈՒՀԻ ՏԻՒՍԱԲ

7․ Ուսանողի մը իր մրցանակէն զրկուելուն առթիւ։

Սիրելի Պարոն,

Ինչո՞ւ ցաւիս, ինչո՞ւ տխրիս, միթէ նուա՞զ փութկոտ էիր, որ մրցանակէդ զրկումը քեզ վիշտ կը պատճառէ։ Եթէ չգիտնամ պատճառն քննութեանց օրերուն բացակայ ըլլալուդ, չպիտի զարմանամ տխրութեանդ համար։ Բոլոր դպրոցը գիտէ թէ դուն յառաջադէմ ներքին մին եղած ես միշտ, և մանաւանդ առաջինն։ Անցեալ տարի Պ. Տեսուչն գոհութեամբ հրատարակեց քու յաջողութիւններդ մրցանակներու հանդէսին մէջ։ Եւ ես ու ինձ հետ բոլոր ներկայ եղողներն մա-լեզին աւիւնով ծափահարեցին քու բեմին առջեւ ե-րեւիլդ։

Մի՛ վշտանար, սիրելի՛ պարոն, այլ ընդհակառակը գո՛հ եղիր, որովհետեւ այս տարի, երբ Պ. Տեսուչը մի առ մի աշակերտաց անուանքը կը կարդար, շատեր ի-րարու կը հարցունէին. Ո՞ւր է Պետրոսը, անցեալ տար-ուան առաջին աշակերտը։ Ես շատ ուրախացայ որով-հետեւ տեսայ թէ թէպէտ փոքր դես, այլ շահած ես ստոյգ արժանեաց համբաւ։ Անփոյթ եղիր, թող ու-րիշներ փառաւորուին. ատկէ քու արժանիքդ երբեք չպակսիր։ Վայելէ ուրախ սրտով ամառնային մեծ արձակուրդը, և վստա՛հ եղիր թէ յառաջիկայ տարին պայծառ դէմքով պիտի շահիս աշխատութեան անթա-ռամներն։

Համբերէ՛, հեռու չէ գալ տարին, ժպտագին ըն-դունէ բախտին ամէն վիճակ, և թող սիրտդ անսասան մնայ ամէն դիպուածի առջեւ։

Բարեկամդ

[Թուական] * * *

---

8. Հայր մը իր աղջկանն։

Սիրելի՛ աղջիկս,

Քեզ կը յղեմ ահա մի քանի գրքեր՝ որոնց մասին ըսած էի երէկ գիշեր, և կը խնդրեմ որ ընդունիս ղա-

նոնք իմ սիրոյս և յարգանքիս իբրև թեթև նշան մը։ Անոնք գրուած են դիւրին ոճով մը և կը պարունակեն շատ գործնական գիտութիւն։

Մորհուրդ կուտամ քեզ՝ կարդալ գրիչ ի ձեռին, և նշանակել փոքր տետրի մէջ կարճ ծանօթութիւններ անոնց վրայ՝ որոնց մէջ կը գտնես հետաքրքրական բան մը և կամ ինչ որ օգտակար կ'երեւայ քեզ, և ահա այս պիտի ըլլայ դիւրին միջոց մը յիշողութեանդ մէջ տպաւորելու մի քանի տեղեկութիւններ։ Եւ որովհետեւ կան գիտական բառեր, որոնց զոյգը չես հանդիպած սովորական ընթերցումներուդ մէջ, և հետեւաբար չեն կրնար ընտանի ըլլալ քեզ, կը կարծեմ որ օգտակար պիտի ըլլայ ձեռքիդ մէջ ունենալ լաւ բառագիրք մը, որպէս զի նայիս այն բառը՝ որուն ճիշդ իմաստը թերեւս չգիտես։

Խանդակաթ հայրդ.

[Թուական]

* * *

---

9. Հօր մը նամակը իր որդւոյն ուղղուած։

Սիրելի՛ որդեակս,

Կարելի եղածին չափ համեստ ես, համեստութիւնը այն լաւագոյն ձիրքն է՝ որուն կ'ընկերանայ ստոյգ արժանիքն։ Համեստութիւնը իրեն կը գրաւէ ամէն սրտեր, մինչդեռ ինքնահաւանութիւնն և աներեսութիւնը կը խորշեցնեն։ Սիրելի չըլլար այն մարդըն՝ որ միշտ կը պարծի և չափազանց իր վրայ կը խօսի։ Ընդհակառակն այն որ կը ծածկէ իր արժանիքը, և այլոց արժանիքը երեւան կը հանէ, սակաւ կը *խօսի և համեստօրէն իր անձին վրայ, նա սրտեր կը չահի և յարգելի ու սիրելի կ՚ըլլայ։*

Բայց կայ նոյնպէս բաւական տարբերութիւն համեստութեան և չար ամօթին մէջ. որչափ որ համեստութիւնը գովելի է, այնքան չար ամօթը՝ ծաղրելի է։ Պէտք չէ ըլլալ ապուշ մը, և ոչ աներես մը. պէտք է գիտնալ երեւիլն, խօսիլ անձանց հետ և պատասխանել առանց շփոթելու։

Դաշտաբնակ մը կ՚ամչնայ, երբ ընկերութեան մէջ երեւի. կը շփոթի, չգիտեր ի՛նչ ընել, երբ իրեն հետ կը խօսուի և շփոթելով կը պատասխանէ՝ գրեթէ կակազելով, մինչդեռ աշխարհի մարդը վստահաբար կը ներկայանայ, կը խօսի իրեն անծանօթ մարդոց՝ հետ, առանց շփոթելու, գրեթէ բնական կերպով։ Ահա՛ ինչ որ կը կոչուի կենցաղագիտութիւն, որ շատ կարեւոր մասն է ընկերային յարաբերութեանց։

[Թուական]

* * *

(Թարգմ.)

---

10. Նամակ հիւանդ օրիորդի մը իր հանիին։

Սիրելի՛ հանիս,

Զգիտէ՛ք թէ ո՛րչափ լաւ է հոս. առողջութիւնս ամէն օր կը վերադառնայ։ Ժամանակէ մ՚իվեր բաւական զօրաւոր եմ չորս էջեր մրոտելու համար, այլ ևս իրերը նոյն աչքով չեմ դիտեր։

Անշուշտ որովհետև Ձենէ հեռու մեկնիլ շատ դառն պիտի ըլլար. գոնէ խնամքներ չպակսեցան և մայրս շատ անձնուիրութեամբ ծառայեց։ Ի՞նչպէս պիտի փո-

խարինեմ անոր։ Յանձնարարած էք ինծ գրել Ձեզ թէ ի՞նչպէս է մեր տունը։ Հին շէնք մ'է այն, ուր առաջ չէր հաւատար թէ կարելի է բնակիլ։ Կոտրած սան-դուղէ մը վերնագաւթակը կ'ելլուի, մեխակներ և պա-տատուկներ կը սպրդին ամէն ծերպերու մէջ, և ճամ-բան պարտէզի պէս անուշ կը հոտի։ Տունը ծառերէն վեր կը բարձրանայ, սենեակները իրարու վրայ չեն. կ'ըսուի թէ երկրորդը մինչև գետնայարկը կ'երթայ երկրաշարժի ատեն. Այս թոհ ու բոհին մէջ պէտք է Ձեր աղջիկը փնտռել, սիրելի՛ հանըմ։

Սենեակս տան լաւ փակուած սենեակն է, մեծ է և վերէն վար իւղաներկ. ներկը թղթէն աւելի կը սի-րեմ, անկողինս, աթոռներս և թիկնաթոռս լաւ կար-գի դրուած են, պատուհաններս արևելքի և հիւսիսի կողմն են. օդն և լոյսը տունս կը մտնեն առաւօտեան 9րդ ժամէն։ Կ'ելնեմ, կը հագուիմ և մի առ մի պատուհաններս կը բանամ, որպէսզի ծովուն օդը խըս-տութեամբ չիգայ։ Տասներորդ ժամուն պարտէզ կ'իջ-նեմ և կը սկսիմ զուարթութեամբ ծառուղիներու մէջ շրջիլ ծաղկանց մէջ։

Ո՜րչափ գեղեցիկ է երկիրը, ի՜նչպէս ամէն երե-ւոյթ երանաւէտ է. և ի՜նչ տխուր պիտի ըլլար թո-ղուլ այս հեշտալի աշխարհը, զոր Աստուած ստեղծած է մարդուն հաճոյից համար։ Թռչուններ իրենց բոյները կը դնեն ծառերուն մէջ, կապոյտ ծովը մեղմով կը խը-տղէ ափերու աւազը. արեգակն իր ոսկի ճառագայթ-ները կր պարզէ ամպոյն և նիհար իմ խեղճ ձեռքերուս վրայ. կը զգամ թէ արիւնն երակներուս մէջ կը հո-սեցնէ Ձեր ձայնին պէս ազդու և քաղցր օդ մը։

Սիրելի՛ հանըմ, վայրկեանապէս կ'երեւակայեմ թէ

այս արեգակը, այս ծաղկեալ ծառերը, այս երգեցիկ թռչունները բարեկամներ են որ ինծի համար շնորհ կը հայցեն և չպիտի թողուն ինծի մեռնիլ։ Իրաւ է որ քիչ տեղ կը գրաւեմ, բայց չեմ ուզեր մեռնիլ։

Մնաս բարով, մեծ մայր իմ, աղօթեցէք ինծի համար։ (Թարգմ.)

---

11. Տիկին Սեվինեէ իր աղջկան։

Աղջի՛կս,

Ի՜նչ օր էր որ մեզ մեկմէկէ հեռացուց. ի՜նչպէս երևցաւ Ձեզ. իսկ ես զգացի զայն ամենայն դառնութեամբ և ցաւով, որչափ կ'երևակայէք, և որոնց համար երկար ատեն կը կասկածէի։ Ի՜նչ վայրկեան էր այն՝ որ մեզ իրարմէ բաժնեց։ Ի՜նչ մնաս բարով և ի՜նչ տխրութիւն՝ մեկնումով, մինչ այնչափ հաճելի է մեկտեղ գտնուիլ։ Աւելի խօսիլ չեմ ուզեր այդ մասին և ոչ հաշուել այն մտածումները՝ որոնք սիրտս կը ճնշեն. կ'ուզեմ միայն բերել Ձեր քաջութիւնն և ամէն ինչ որ ըսած էիք ինծի այս մասին, որուն համար կը հիանամ Ձեր վրայ։ Սակայն և այնպէս ինծի թուեցաւ թէ դուք փոքր ինչ յուզուած էիք զիս գրկելու պահուն։ Իսկ ես Փարիզ դարձայ, ինչպէս կրնաք երևակայել։ Պ. տը Գուլանժ վշտակից է վիճակիս։ Գացի Բէյի կարտինալին քով, ուր վիշտս կը վերանորոգուի. մարդ խրկեցի դուրս այցելու զիս տեսնելու եկող Պ. լա Ռուշֆուգոյի, Տիկին տը Լաֆայէթի, և Տիկին տը Գուլանժի՝ որ հաճին այդ պատիւն ինծի ընել։ Մարդ պէտք է իր տկարութիւնները ծածկէ գործաւորներու առջեւ։ Պ. Կարտինալը կարեկից եղաւ իմ տկարութիւններուս. այն բարեկամութիւնն զոր ունի Ձեզ համար, զինք շատ զգայուն կ'ընէ Ձեր մասին։

Մի՛ պարսաւէք, աղջի՛կս, ինչ որ զգացի, երբ տուն դարձայ. ի՛նչ տարբերութիւն, ի՛նչ մենութիւն, ի՛նչ տխրութիւն. տեսնել Ձեր սենեակն, առանձնասենեակն, Ձեր պատկերն, և չգտնել Ձեր սիրեցեալ անձն. Պ. Կրինեան լաւ կը հասկընայ ինչ որ կ'ուզեմ ըսել և ինչ որ զգացի։ Հետ եւեալ օրը, այսինքն երէկ, ժամը 5ին արթնցայ, գացի Գոբբինէլլին առ, որպէս զի գամ հոս տպագրին հետ։ Անդադար կ'անձրեւէ, և կը վախնամ թէ Պուրկոնեի Ձեր ճամբաները աւրուած չըլլան։ Հոս կը կարդանք առածներ, զորս Գոբբինէլլի ինձ կը մեկնէ։ Նա կը բաղձայ սրտիս զգացումները սանձելը ինձ սորվեցնել։ Եթէ այդ գիտութիւնը ստանամ, իմ ուղեւորութենէս մեծ բան մը շահած պիտի ըլլամ։ Վաղը կը դառնամ, այս հանգստեան վայրկեանին պէտք ունիմ, գլուխս քիչ մը հանդարտեցնելու և կարգով մը անձիս տէր ըլլալու։

---

12. Նամակ մօր մը իր աղջկան։

Ինչ որ ըսիր ինձ Օր. ...ի նկատմամբ քու նամակիդ մէջ, ինձ կարծեցուց թէ դուն գեղեցկութիւնը մեր սեռին մեծագոյն արժանիքը կը համարիս, և թէ կին մը այն ատեն միայն յարգելի է, երբ գեղեցիկ է։ Այդ բան՝ երիտասարդներու և նանրամիտ մարդոց սխալանքն է, որոնք իրերը իրենց արտաքինէն կը դատեն։ Արդարեւ ի՛նչ օգուտ ունի կնոջ մը արտաքին ամէն շնորհներով լի ըլլալը, եթէ չքնաղ արտաքին երեւոյթի մը տակ յոռի նկարագիր մը և վատթար սիրտ մը ծածկէ։ Նոյնչափ պիտի սիրէք գեղեցիկ պատկեր մը կամ արձան մը, որովհետև անոնք իմ նայւածքս կը զօշատեն, բայց խորշելի չեն գար մտքիս, մինչդեռ այս հպարտ ու սէգ գեղեցիկ կիներն ընդհանրապէս կը զզուեցնեն իրենց շուրջը գտնուողներն. արդ որովհետև իրենց անձերը տեսակ մը դիցուհիներ կը համարին, կ'երեւակայեն թէ ամէն ոք պարտի խոնարհիլ իրենց առջև, թէ ամէն ոք պարտի զիրենք պաշտել։ Ընդհանրապէս անոնք միմիայն իրենց անձերը կը սիրեն ու կը յարգեն, և բոլոր մնացեալն կը դիտեն գթով և արհամարհանքի նայուածքով։ Բայց մարդ անոր փոխարէնը լաւ կուտայ. եթէ երբեմն անոնց սէր ընծայուի, այդ շատ անգամ ուրիշ բան չէ բայց եթէ մատուցում մը, որ ոչ այնչափ մարդոց այն մասին ունեցած յարգանքէն յառաջ կուգայ, որչափ պատշաճութենէ և մարդոց իրենք զիրենք յարգելէն։

Գեղեցկութեան փայլը յաճախ համեմատուած է վարդի փայլին հետ, և շատ իրաւացի է այս։ Հիւանդութիւն մը բաւական է զայն եղծանելու համար. կը փայլի այն կենաց գարնան մէջ, ուրկէ յետոյ կը խամրի։ Եւ այն ատեն ի՞նչ կ'ըլլան այն կիներն, որոնք իրենց գեղեցկութենէն զատ ուրիշ արժանիք չունին, և որուն շնորհիւ միայն կը մեծարուէին. կամ ծաղրելի կը դառնան կարծելով ինքզինքնին և կամ ուզելով երեւալ դարձեալ այնպէս, ինչպէս չեն այլեւս, և կամ եթէ շիտակը խորհելով՝ կ'որոշեն անոր հրաժարիլ աշխարհէ, որ իրենցմէ կը խորշի և կ'արհամարհէ զիրենք. այն ատեն նախանձը կը կրծէ զիրենք, տաղտուկը կ'ընկճէ և զայրոյթը կը տանջէ։

Այսպէս չէ սակայն անոր համար որ իր չունեցած դէմքի գեղեցկութեան տեղ սոսկ արժանիք ստանալու հետամուտ է։ Արդարև եթէ նուազ կը մեծարուի, նըւազ վտանգներու ենթակայ է. եթէ փառքը նուազ չքեղ է, բայց աւելի ամբիծ է. եթէ անոր վրայ նուազ կը խօսուի, բայց աւելի կը գովուի, եթէ անոր այնչափ նայուածքներ չեն ուղղուիր, բայց աւելի կը յարգուի. եթէ իր բարի յատկութիւնները կ՚ընծայեն անոր տեսակ մը ազդեցութիւն սրտերու վրայ, բայց այդ ազդեցութիւն երբեք վաղանցիկ չէ որպէս գեղեցկութեանը։ Ժամանակը, որ կը խամրեցնէ գեղեցիկ կնոջ մը փայլն ու գոյն, ընդհակառակն նոր փայլ մը կուտայ առաքինի և սիրելի աղջկան արժանիքներուն. մարդ ընդհուպ կը ձանձրանայ դէմքի հրապոյրներուն զգայուն ըլլալէ, բայց իմաստութեան և բարութեան հրապոյրներուն միշտ զգայուն է։

[Թարգմ.]

---

13. Մօր մը նամակն իր աղջկան։

Սիրելիս,

Նամակդ զիս ուրախութեամբ լեցուց և համոզուեցայ թէ բարի սիրտ մը կը կրես, և այդ բանին միշտ կը փափաքիմ քեզի համար։ Ստոյգ է որ սրտի բարութիւնը երկնքի մէկ պարգևն է. ըստ իս պատուականագոյն է այն, և քու նամակովդ հասկցայ թէ երկինք զայն շնորհած է քեզ։ Նա՝ որ ի բնէ բարի սիրտ ունի, զգացող է այն բարիքներուն՝ զորս կ՚ընդունի և կը զգուշանայ, զի մի՛ գուցէ ուրիշներու փոքր ինչ վնաս պատճառէ։ Զարախօսութեան անձնատուր չըլլար. իր ընթացքին կանոն կ'առնէ քրիստոնէական գութն։ Երբ մարդ բարի սիրտ ունի, ոչ միայն չշատանար ուրիշներու համբաւին խնայելով, վշտացուցիչ բան մը անոնց չըսեր, այլ հետամուտ կ'ըլլայ անոնց օգտակար ըլլալու, ամէն բարիք ընելու անոնց, որչափ որ կրնայ, տկարներուն նեցուկ կը հանդիսանայ, տառապեալներուն սփոփանք, և ուրիշին երջանկութեան համար ամէն բանի հոգ կը տանի։

Կը փափաքիմ որ խայթող խօսուածքի և հնարագէտ չարամտութեան տեղ՝ որոնցմով ոմանք կը ջանան իրենց անձը կարեւոր ցուցրնել աշխարհի մէջ, իգական սեռի անձեր, որոնց ընդհանրապէս վիճակուած կը համարուի քաղցրութիւն, երբեմն միայն քաղցրաբարոյ ձեւերով, համոյական դէմքով, սրտազեղումներով այնպիսի բարութեան մը՝ որ իրենց չուրջը բոլոր պտտուողներուն վրայ տարածուի։ Բայց շատերը երկչոտութեամբ կամ պատշաճութիւններ չկատարելու վախով, չեն համարձակիր իրենց բնածին բարութեան հակամիտութեան հետեւելու և կը համոզուին թէ յարգելի ըլլալու համար պարտին կեղծիքով ցուցնել անտարբեր և անուշադիր կերպարանք մը, մանաւանդ երբ այրերու ընկերութեան մէջ ըլլան։

Ճշմարիտ է որ անոնց հետ միշտ զգուշաւոր վարմունք ունենալու ենք, վասն զի երբ կը տեսնուի մատաղատի կին մը և մանաւանդ ծաղկահասակ օրիորդ մը, որոնք այրերու խօսակցութեան կը խառնուին, հաճելի կերպով կը ժպտին և անոնց ընտանենալուն թոյլտուութիւն կ'ընեն շատ ընտանի կերպով, դէշ գաղափառ մը կը ծնի մեր մէջ։ Բայց կարելի է ըլլալ բարի, հաճոյակատար, սիրուն, առանց ծայրայեղութեանց մէջ ըլլալու։ Կարելի է ցուցնել քաղցրութիւն, պարկեշտութիւն, առանց դոյզն նշանը տալու պչրողութեան. և ոչ միայն աշխարհ այս սիրելի յատկութիւնները մեղք մը չի կամիր, երբ արդար սահմաններու մէջ բովանդակուին անոնք, այլ միշտ կը գովէ զանոնք։

Գիտես, աղջի՛կս, թէ բան մը պակաս չըրի քու հաճոյքիդ համար, բայց քու փափաքներուդ աւելի կամաւ մտիկ պիտի ընեմ, երբ գիտնամ թէ քու քաղցրագոյն հաճոյքիդ կարգը կը դասես այն գոհութիւնը՝ զոր մարդ կ'ունենայ սփոփելով տառապեալները։ Այնատեն սիրտս պիտի ընդարձակուի, ձեռքս պիտի բացուի, և քու փառքդ պահանջող պարգևները նուազ պիտի համարիմ, երբ դուն ուրիշին երջանկութիւնը տաս։

(Թարգմ.)

15. Մանկան մը ուղղուած նամակ։

Երկար ժամանակէ ի վեր Ձեզ պատասխան մը պարտիմ. բայց կը տեսնէք, աչքերս տկար են, ուստի պէտք է զիս չքմեղացնէք։ Բժիշկները կ'արգիլեն ինձ գրել. կը հնազանդիմ բժիշկներուն, ինչպէս դուք կը հնազանդիք Ձեր մօրը։ Կեանքը հնազանդելով կ'անցնի։ Մի՛ մոռնաք այս բանը։ Բայց դուք որ փոքր էք, ինձմէ աւելի երջանիկ էք։ Ձեր հասակին մէջ հնազանդութիւնը միշտ քաղցր է. իսկ իմ հասա-

կիս մէջ նորէն դառն է։ Կը տեսնէ՞ք, որովհետեւ ինծի կ'արգիլուի Ձեզ գրել։ Ողջո՛յն, փոքրիկ բարեկամս։ Եղի՛ք մեծ եւ իմաստուն միանգամայն։

Վ. ՀԻՒԿՕ

ԸՆԴԼԱՅՆԵԼԻ ՆԻՒԹԵՐ

1. Հիւանդ ընկերոջ մը ուղղեալ նամակ. — Ձեր ընկերներէն մին չէ կրցած դպրոց գալ, որովհետեւ հիւանդութեան պատճառաւ ստիպուած է սենեկէն դուրս չելնել. խնդրած է ձեզմէ՝ որ իրեն իմացնէք ամէն օր այն դասերն՝ զորս կուտայ ուսուցիչն իր բացակայութեան միջոցին։ Այս կերպով պիտի կրնայ հեռուէն հետեւիլ դասերուն՝ իր ունեցած գրքերուն շնորհիւ. Իրեն կը պատմէք նամակով մը ինչ որ պատահած է երէկ դասարանին մէջ։ Կը վերջացնէք մաղթելով որ շուտով ապաքինի։

2. Գթասիրտ բարեկամներ. — Ձեր անցեալ տարուան ընկերներէն մին Յակոբ շատ օրերէ ի վեր դպրոց չի գար. ամէնքդ ալ կը փափաքիք գիտնալ պատճառը. Ձեր ուսուցչին հարցուցիք թէ ինչո՞ւ չի գար. եւ նա կ'ըսէ. Յակոբ աղքատ է, շնորհքով զգեստ չունի, որ դպրոց գայ։ Այն ատեն հանգանակութիւն կ'ընէք եւ զգեստ առնելու համար պէտք եղած դրամը կը ժողվէք։ Այս պատմութիւնը ընդարձակ ձեւով պէս աւարտեցէք եւ այս ամէնը գրեցէք Ձեր բարեկամներէն մէկուն։

3. Փոքրիկ տանտիրուհին. — Ձեր մայրը հեռու տեղ մը ճամբորդած է. իր բացակայութեանը տունը դուք կը կառավարէք. Ձեր բարեկամուհիներէն մէկուն նամակով մը կ'իմացնէք թէ ի՞նչպէս կը կատարէք Ձեր այս նոր պաշտօնը։

4. Զղջանքի գիր. — Ընկերոջ մը. — Պարագայի մը մէջ, զոր կը նշանակէք, բարկացած էք ձեր ընկերներէն մէկուն դէմ եւ իրեն հետ կոշտ կերպով վարուած։ Արդ կը զղջաք եւ նամակով հաշտութիւն կ'առաջարկէք իրեն։

5. Ողբալի անխոհեմութիւն մը. — Սոսկալի փոթորիկ

մը պատահած է քիչ ժամանակ առաջ ձեր բնակած տեղը. ձեր դպրոցական ընկերներէն մին՝ որ նոյն միջոցին դաշտին մէջ կը պտըտէր, անխոհեմութեամբ ապաստանած է ծառի մը տակ եւ շանթահարուած է։ Այս դէպքը պատմեցէք ձեր բարեկամներէն մէկուն ։

6. — *Ուսուցչի մը հիւանդութեան առթիւ ուղղուած նամակ*։

7. Քաղաքն եւ գիւղն. — *Ձեր նախկին ընկերն Պօղոսեան երեք տարիէ ի վեր քաղաքը կը բնակի եւ նամակաւ մը Ձեզի կը յորդորէ որ դուք ալ քաղաքը բնակիք. բայց դուք չէք ընդունիր իր առաջարկն. կ'ուզէք գիւղ մնալ, ըսէ՛ք թէ ինչ պատճառներով նախամեծար կը համարիք գիւղը բնակիլ։ Պօղոսին պատասխանեցէք։*

8. Օգտակար անասուններ. — *Ձեզ ծանօթ ընտանի կենդանիներու մէջէն ընտրեցէք երեք հատ, զորս ամենէն աւելի օգտակար կը համարիք մարդուն եւ ցոյց տուէք այն ծառայութիւնները՝ զորս անոնք կը մատուցանեն։*

9. Զամաչենք մեր յանցանքները խոստովանելու. — *Պետիկ, փոքրիկ դպրոցականը դասարանին մէջ ջրեակներ թափուած է. այս դէպքը մեծ աղմուկ յարուցած է աշակերտաց մէջ։ Ուսուցիչը ուզած է իմանալ թէ ո՞վ է յանցաւորը։ Պետիկ չի համարձակիր զայն ըսելու, բայց տունէն վերադառնալուն իր ուսուցչին կը գրէ իր յանցաւոր ըլլալը, կը յայտնէ զղջում, կը խնդրէ իր պատիժը. եւ միեւնոյն ատեն կ'ուզէ իր դասընկերները ազատել ընդհանուր պատժէն. կը խոստանայ որ ապագային այդպէս բան չպիտի գործէ։*

10. Բարեկամուհիի մը. — *Իմացած էք թէ ձեր բարեկամուհիներէն մին շատ յարգանք չընծայեր իր մեծ մօր նկատմամբ։ Կը գրէք նամակ մը՝ որուն մէջ կ'ընդլայնէք սա առածը, «Բու ծնողքիդ ծերութեան ատեն յիշէ՛ մանկութիւնդ»։*

11. Ձեր մօրը. — *Ցայտնեցէք որ յանցաւոր եղած էք. — իմացուցէք ձեր յանցաւորութիւնը եւ ներում խնդրեցէք. — Ըսէ՛ք ձեր յանցանքը. — Դուք կը ցաւիք ատոր համար, որովհետեւ գիտէք թէ ինչո՞ւ համար ձեր հայրը ձեզ դպրոց դրաւ։ Խոստացէք այլ եւս յանցանք չգործել։*

12. Նամակ հօր մը ուղղուած. — *Հայր մը ամսէ մը ի վեր ուղեւորած է գործերուն պատճառաւ. իր որդին կը գրէ անոր* եւ մօրը ու եղբայրներուն ու իր վրայ լուրեր կը հաղորդէ։

13. Մայր մը իր աղջկանը՝ որ հեռու տեղ աշակերտ եղած է։ — *Քու նամակդ մեզ շատ հաճոյք կը պատճառէ։ — Ամէն ծառայութիւն կատարէ՛ որչափ կրնաս. ընդունէ դիտողութիւններ եւ նոյնիսկ կշտամբանք. կը ցաւինք որ քեզի չենք տեսներ. — Աշխատէ՛ միշտ։ Մնաս բարով. Վերջաւորութիւն։*

14. Հրաժեշտի նամակ. — *Ձեր ուսուցչուհին դպրոցէն կ'ելնէ ուրիշ տեղ պաշտօնավարելու համար. ձեր ընկերուհիներն ձեզի կը յանձնարարեն անոր գրել յանուն ամբողջ դասարանին։ Ըսէ՛ք ձեր սիրելի ուսուցչուհւոյն թէ ո՛րքան ցաւ կը պատճառէ ձեզ իր հրաժարականն եւ խոստացէք իրեն թէ երբեք չպիտի մոռնաք իր աշակերտուհիներուն եւ ի մասնաւորի ձեզ համար ունեցած բարեսրտութիւնն։*

ԳԼՈՒԽ Ը.

ԶԱՆԱԶԱՆ ՏՈՄՍԱԿՆԵՐ

Ծնունդ :

Անհուն ուրախութեամբ կ'իմացնեմ Ձեզ թէ երէկ գիշեր արու զաւակ մը պարգեւեց ինծ Աստուած ։

Մայրն ու տղեկը շատ լաւ են ։

[Թուական] * * *

Մահ ։

Անհնարին ցաւով կ'իմացնեմ Ձեզ քաղցրիկ որդւոյս մահն ։ Անողոք փողացաւը խլեց զայն մեր գիրկէն ։

Յուղարկաւորութեան տխուր հանդէսը վաղը պիտի կատարուի ժամը . . . ։

Հարսնիքի հրաւիրագիրներ:

Տ.

Տիկին . . . պատիւ ունի ծանուցանել Ձեզ ամուսնութիւն իր որդւոյն . . . ընդ Օր. . . . ի և խնդրել որ հաճիք Ձեր ազնիւ ընտանեօք ներկայ գտնուիլ Ս. Պաւլի խորհրդոյն՝ որ պիտի կատարուի յառաջիկայ երկուշաբթի, Մայիս 31, ժամը 7ին ...ի բնակարանը ... փողոց թիւ 10։

Պէյքոզ, 15 Մայիս 1931

Ուրիշ օրինակ (երկու կողմէն հրաւիրուած).

Տիկին Պայծառ Խանճեան պատիւ ունի ծանուցանել Ձեր Ազնուութեան իւր որդւոյն Պետրոս Խանճեանի ամուսնութիւնն Օր. Զարուհի Կիւմիւշեանի հետ։

Տէր եւ Տիկին Կիւմիւշեան պատիւ ունին ծանուցանել Ձեր Ազնուութեան իրենց դըստեր Օր. Զարուհւոյ ամուսնութիւնն Խանճեան Պետրոս Էֆէնտիի հետ։

Եւ կը խնդրեն որ հաճիք **ընտանեօք** *ներկայ գտնուիլ Ս. Պըսակի արարողութեան՝ որ պիտի կատարուի Երկուշաբթի, Հոկտ. 2' ժամը 14ին Ղալաթիոյ եկեղեցւոյն մէջ։*

Շնորհաւորութիւնք պիտի ընդունուին Խանճեան բնակարանին Ղալաթիա, Եկեղեցւոյ փողոց։

Ղալաթիա, 1931 *Հոկտ.* 6

Մահազդներ։

ԿԱՐԱՊԵՏ ԷՖ. ՍԱՄԱՆՃԵԱՆ

Յետ կարճատեւ հիւանդութեան կնքեց իր մահկանացուն ի հասակի 59 ամաց, ի խոր սուգ համակելով իր ընտանիքը, ազգականները եւ բարեկամները։

Յուղարկաւորութեան տխուր հանդէսը պիտի կատարուի վաղը, երեքշաբթի, ժամը 8ին, Ս. Յովհաննէս եկեղեցւոյն մէջ։

Կէտիկ փաշա, 7 Յունիս 1932

ԳՐԻԳՈՐԻԿ

ՈՐԴԻ ՓԷԹՄԷՋԵԱՆ ՍԱՐԳԻՍ ԱՂԱՅԻ

Հանգեաւ ի Տէր հնգամեայ գեռածաղիկ հասակին մէջ։

Յուղարկաւորութեան տխուր հանդէսը պիտի կատարուի այսօր ժամը 10*ին, Ս. Հրեշտակապետ եկեղեցւոյն մէջ։*

Պալատ 8 1930

Պալեան, Սարգսեան, Թումաճանեան ընտանիքները ցաւ ի սիրտ կը ծանուցանեն դառնաղէտ մահը

ԱՅՐԻ ՏԻԿԻՆ ՍԱՆԴՈՒԽՏ ՊԱԼԵԱՆԻ

իրենց քրոջ, զոքանչի, 70 *տարեկան հասակին մէջ։*

Յուղարկաւորութեան տխուր հանդէսը պիտի կատարուի վաղը, ժամը 16, *Ս. Յարութիւն եկեղեցւոյն մէջ։*

15 *Մարտ* 1929, *Բերա*

Հրաւէրի տոմսակներ։

Տէր և Տիկին Բ. ... յարգանօք կ'ողջունեն Տէր և Տիկին Ս. ..., որոնց կ'աղաչեն որ հաճին գալ վաղը ժամը 9*ին՝ միասին ճաշելու։*

Պատասխան։

Տէր և Տիկին Ս. ... պատիւ կը համարին ուրախութեամբ ընդունելու Տէր և Տիկին Բ. ...ի հրաւէրը և կը խոստանան որոշեալ ժամուն ներկայ ըլլալ, ի միասին վայելելու հաճելի ժամեր։

Ուրիշ հրաւէր:

Սիրելի՛ բարեկամս,

Մեծ շնորհ մը կ'ընէք ինձ Ձեր ներկայութեամբ պատուելով մեր խոնարհ բնակարանը և մանաւանդ սեղանակից ըլլալով մեզ։ Զուարթ և պարզ հոգիներ զարդ են այդ սեղանին։ Եկէ՛ք ուրեմն վաղընդփոյթ։ Դուք պիտի աւելցնէք սեղանին հրապոյրը։

Պատասխան։

Սիրելի՛ բարեկամս,

Ոչ նուազ ուրախութիւն է ինձ վայելել այն պատիւը՝ որուն կ'արժանանամ այս անգամ ևս Ձեր կողմէ։ Հոգ տարէք որ գինին լաւ ըլլայ, որպէս զի մեր բանաստեղծութիւնը նոր թռիչ առնէ։ Սեղանին հրապոյրը կ'աւելնայ, երբ Ձեզ կ'ունենամ սեղանակից։

Հրաւէր ընտանեկան ձևով:

Լաւ խորոված հնդկահաւ մը, համեղաճաշակ լաբրակ, Սելանիկի գինի, արծարծուն չմինէ մը, մանաւանդ ազնիւ ճաշակիցներ։ Բոլոր ասոնք, սիրելիդ իմ Կարպիս, բաւական չե՞ն քեզի հրաւիրելու։ Ուրեմն եկո՛ւր շուտ. գեղեցիկ երեկոյթ մը պիտի ունենանք։

Ուրիշ օրինակ

Տիկի՛ն,

Սովորութիւնը, մանաւանդ զբօսանքի սէրը ինձ կը հարկադրեն վաղը պարահանդէս մը տալ. ոչինչ պիտի խնայեմ, որպէս զի այն արժանի ըլլայ ամէն անոնց՝ որոնք իրենց ներկայութեամբ պիտի պատուեն զայն։ Բայց Դուք, Տիկին, Ձեր շնորհներով պիտի ըլլաք գլխաւոր հրապոյրը։ Ձեզմով պիտի գեղեցկացնէք երեկոյթը։ Ուրեմն մի՛ մերժէք ինձ այս պատիւը։

Հարսանեկան ծանուցագիր:

ՀՐԱՆՏ ԱՃԷՄԵԱՆ պատիւ ունի ծանուցանել Ձեր Ազնուութեան թէ այսօր կատարուեցաւ Պօյաճի գիւղի Երից Մանկանց եկեղեցւոյն մէջ իր որդւոյն ԿԱՐԱՊԵՏ ԱՃԷՄԵԱՆի ամուսնութիւնը Օր. ՍԻՐԱՆՈՅՇ ՎԱՐԴԵԱՆի հետ։

Պօյաճի գիւղ 30 *Յուլիս* 1931

Այցետոմսի օրինակներ։

Նոր տարի մաղթել։

Շնորհակալութիւն

Գաւեր Գաբաահանեան

Վ. Շ. Ն. Տ.

Անուան տօնին առթիւ։

Ի սրտէ կը մաղթեմ Ձեզ ամէն երջանկութիւններով լեցուն կեանք մը։ Ամէն տարին թող աւելցնէ Ձեր փառքն, Ձեր յաջողութիւններն։

Ծննդեան տօնի առթիւ։

Կը մաղթեմ որ Ծնունդը ծնի Ձեզ նոր բախտ, երջանկութիւն։

[Թուական]

Հարսանեկան հանդէսի առթիւ։

Ձեր հարսանեաց հանդէսին կը յղեմ չքնաղ ծաղիկներ. կոխոտեցէք զանոնք եւ մտէք երջանկութեան դրախտը։

(Թուական)

Մտերմական։

Մեծ. ...

Ես եւ Գ. Դարբինեան կ՚ողջունենք Ձեզի։ Իցի՜ւ երջանիկ պատեհութիւնն ունենանք Ձեզի տեսնելու։

(Թուական)

Ճամբորդ բարեկամի։

Ջինջ եւ անամպ երկինք, զուարթ եւ կենցաղագէտ ուղեկիցներ. գործերուդ յաջողութիւն՝ Մաղթէ բարեկամդ

(Թուական) * * *

Ընտանեկան ոճով։

Մեծ...

Անզգա՛մ, ինչո՞ւ չեկար երէկ գիշեր։ Միթէ ժամադիր եղած չէինք։ Երեկոյթը ըսքանչելի եղաւ։ Քու բացակայութիւնդ զիս տխրեցուց։

(Թուական) * * *

Հրաւէր

Ռեթէոս Սամուէլեան պատիւ կը համարի հրաւիրել, Պ. ..., որ հաճի գալ վաղը ժամը 7ին իր գրասենեակ։
[Թուական]

ՆՈՅԵՄԻ ՊԱՂՏԱՍԱՐԵԱՆ

Ագոնէ Շնորհեան

Սիմոն Պապազեան

Պէրա, Միսք փողոց

ԳԼՈՒԽ Ժ.

ԳՐԱԳԷՏՆԵՐՈՒ ՄԻ ՔԱՆԻ ՆԱՄԱԿՆԵՐ

30 Հոկտ. 1888 Բարիզ

Ազնիւ միւսիւ Փանոսեան,

Առի և սիրով կարդացի նամակդ, զի երբեմն հանդըպած ըլլալով ոտանաւորներուդ՝ ուրախութեամբ տեսած էի որ բանաստեղծի կոչումն ունիս։ Ես այն ոտանաւորները շատ աւելի կը սիրեմ քան այս երգիծանքդ։ Իմ բանաստեղծս, թերևս գիտես արդէն, Լամարթինն է և Լամարթին չէր սիրեր երգիծանքը․ չէր սիրեր կծու ծիծաղն ու քամահրանաց քահքահը․ մարդկային շրթանց վրայ հոգին կը հաճէր տեսնել ժպիտը, քաղցր ու քիչ մ՚ալ մելամաղձոտ ժպիտը։ Իրաւ է որ իբրև գրասէր մարդ չեմ կրնար ապախտ առնել այդ տեսակը որ այնքան աւիւն լսուած է և այնքան անուն հանած, և դու անտարակոյս հասարակ երգիծաբան չես, ինչպէս մանաւանդ չես և պէտք չէ ըլլաս հասարակ բանաստեղծ մը․ զի՝

«Քերթողաց ոչ դիք ոչ մարդ սիւնք ներեցին լինել միջակ։»

Եւ ատոր համար պէտք չէ որ փոքրկացնես հոգիդ․ վերէն նայէ՛ շատ բաներու վրայ․ մի՛ յածիր, մի՛ քաշքըշեր աւիւնդ ալ ճախճախուտ կամ տափարակ տեղեր․

բարձր տեղերու օդ ծծէ՛․ մի՛ թեթև կամ պծուծ իրք արժանի զատեր քու խանդիդ․ մեծ նիւթեր ընտրէ՛ որ մեծութեան հետ ընտելանաս։ Ոչինչ աւելի փոքր է քան քէնն ու ոխն ու չարութիւնը, և իբրև գրական մարդ եթէ խորհրդածել ուզես, գիտցի՛ր որ ներողամտութիւնը ո՛չ թէ միայն առաքինութիւն է այլ նաև պարտաւորութիւն այն մարդուն համար որ կենաց հակասութիւններուն իրազեկ եղած է։

Ու երբ բարձր մտածութիւններով սնած, սիրտդ թափես չափելով ու յանդգնելով տողերու մէջ, գիտցի՛ր որ ինչ որ արտադրի քենէ՝ միշտ սիրով ու թերևս օր մը հիացմամբ պիտի կարդան, ընդ որս և ես։

Գ․ Ս․ ՕՏԵԱՆ

Զմիւռնիա, 29 Դեկտ․ 90

Մեծանուն Ռեթէոս էֆ․ Պէրպէրեան

Կ․ Պոլիս

Գերազնիւ և սիրելի բարեկամ,

Ո՛չ, չեմ զանգատիր Ձեր լռութենէ․ լռութիւնն ալ, ինչպէս կ'ըսէ հեղինակ մ'իր խորհրդաւոր ճարտասանութիւնն ունի. դուք չէք խօսիր ուղղակի մեզ, բայց Ձեր գրիչը, Ձեր գործերն, Ձեր հոգին կը խօսին մեզ և մեր սրտին ու մտքին նոր աշխատութիւն կ'տան և մեզ խօսելու կը գրգռեն։

Նոր տարւոյն հետ նոր լոյս մը կ'երևի Ձեր ընտանեկան հորիզոնին վրայ։ Ի՛նչ գեղեցիկ զուգադիպութիւն։ Անտարակոյս հոգեզմայլ կը դիտէք այդ սիրոյ և առաքինութեան ծնունդ, հանճարիդ մի փայլակն, Ձեր անգնահատելի, լուսաբեր վաստակոց արժանի տրիտուրն ու սփոփանք մը։

Համբաւը բերաւ մեզ շնորհալի աւետին և մեզ անհուն խնդութեամբ լցուց. հոգւոյդ Թագուհին, շնորհագեղ Զարուհին, տուաւ Ձեզ անգին պարգև մը, հրեշտակ մ'որ քան ամեն ամանորական շնորհ քան ամէն գոհար, չքնաղագոյն է և հոգեպարար։ Կ'երեւակայեմ, կ'զգամ թէ ո՛րքան կ'փառաւորուիք, ո՛րքան ուրախ և զուարթ էք, սիրելի՛ Պէրպէրեան, և իրաւունք ունիք, զի Ձեր երանութիւն պարտաճանաչ գորովալի հօր մ'երանութիւնն է, պատրաստ ամեն զոհողութեանց։

Խնդակից եմ Ձեզ, ոչ միայն Ձեր մեծահամբաւ վարժարանով, այլ և Ձեր ընտանեկան շրջանի սիրայօդ կազմաւորութեամբ, ընտանեկան ոգւոյն օրինակելի տիպար մը կը հանդիսանաք։ Ապրի՛ք, հազար ապրի՛ք և վայելէք յաւէտ անմռայլ Ձեր սիրասուն զաւակաց գեղակազմ համաստեղութեամբ շրջապատուած, որոնց կենսատու արեւն էք, անխառն ու անսպառ երջանկութիւն։ Այս է բարեկամիդ փափաքն, այս է իր շնորհաւորական բարեմաղթութիւնն, զոր ի սրտէ կ'ուղղէ Ձեզ։

Իմ ջերմագին մաղթանքս կը նուիրեմ նաև ազնուասիրտ կենակցին Ձեր, և կ'հայցեմ ի Տեառնէ որ միշտ քաջառողջ լինի և շատ ու շատ տարիներ վայելէ իր սիրելիներու հետ երանաւէտ կեանք։

Նամակս կ'աւարտեմ, զի չէ ժամանակ խօսիլ Ձեզ հետ այլ խնդրոյ վրայ, քանի որ մեծ ու կենսական խնդրոյն Ձեզի համար նորածին Պէրպէրեանն է, զոր գրկացդ մէջ առած ջերմագին կը համբուրէք, և անշուշտ իմ կողմէ ալ մի համբոյր տալու շնորհը չպիտի զլանաք ինձ։

Սիրով և կարօտիւ Ձերդ

Մ. ՄԱՄՈՒՐԵԱՆ

Առ Գարեգին էֆ. Տէմիրճիպաշեան

22 Նոյեմբեր 1887

Իւսկիւտար

Ազնիւ և սիրեցեալ բարեկամ,

Կ'ուզէի մխիթարել զՁեզ Ձեր վշտին մէջ, բայց կ'զգամ թէ չեմ կարող։ Աւա՜ղ, ո՞ր սիրտ աշխարհի չէ վշտացեալ, ո՞ր սիրտ չէ ծակուած մահուան անպարոյն նետերէն, և ի՞նչպէս ցաւալիրն կարէ սփոփանք տալ ուրիշին։ Եւ ի՞նչ ըսել. կարելի՞ է մոռնալ այն դառն կորուստը զոր ըրիք. կարելի՞ է երբեք մոռնալ զայն որ մեր գրկերէն կը բաժնուի ու կ'երթայ գրկել սեւ հողն։ Կարելի՞ է երբեք լնուլ սրտի մէջ սիրելւոյն կորստեամբ գործուած պարապը, բուժել վէրքն որ կը բացուի անդ մահուան ձեռքով և որ պիտի արիւնի յաւէտ։ Աւա՜ղ, գիտեմ զայս բազմապատիկ փորձերով. ես որ վեցամսեայ որբ մնացած եմ ի հօրէ, որ քանիմիամեայ կորուսի մայրս, և այր սիրոյ առաջին պտուղն կորզեցին վաղ ստուերք գերեզմանին։ Կրնա՞մ զՁեզ մխիթարել Ձեր եղբօր կորուստին համար։

Այո՛, ազնի՛ւ բարեկամ, սոսկալի է մտածել թէ ո՛չ ևս է անիկա, քոյրդ, չուրջն այն տարփելի էակին զոր կը կոչէիր միշտ ի սիրելագոյն անուանց՝ որք կը հըն-չուին երկնից տակ՝ այր վերայ կը հնչուէին երկնից տակ, այր վերայ կը գուրգուրայիր որպէս աչացդ բբին վե-րայ, որոյ սէրն մին էր կենացդ մնացորդը կազմող տար-րերէն, որոյ երջանկութեան անձնուիրել մին էր հոգ-ւոյդ վայելումներէն ու գոյութեանդ պայմաններէն, և թէ ո՛չ ևս պիտի նայի քեզ, ժպտի քեզ, խօսի քեզ, ո՛չ ևս պիտի պտըտի առջևդ, երկնից արևուն տակ, ընտանեկան յարկին տակ. լոյսին մէջ, օդին մէջ, ծաղկանց ու զմայլեաց վերայ, այլ թէ հո՛ն է, մութ վիհին մէջ, անզգայ, անկենդան, հեռի սիրելիներէ, ձիւնին տակ, անձրևին տակ, խճին ու աւազին մէջ, այն քնքոյշ մարմինն զոր կը պաշտէիր, զոր ամէն փափկութիւններով կը շրջապատէիր...։ Կը մտածես թէ ի՞նչ եղաւ այն հոգին որ այդ փարելի մարմինը կը շնչաւորէր, որ այդ աչերուն մէջ կը ժպտէր, որ այդ գանկին մէջ կը խորհէր, որ զքեզ կը սիրէր, որ չըք-նաղ ձրիւք կը զարդարուէր որ յոյսեր ու փափաք-ներ կը տածէր յինքեան, յո՛յս ու փափա՛ք՝ երա՛զ ու մոխի՛ր ամենայն։

Ո՞հ, գէթ մնայր մեզ մեր հարց հաւատքն, որով անոնք ցուրտ ու սեաւ հողէն յերկին կը վերցնէին ի-րենց աչերն, հոգւոյն աչեր, և անդ լուսեղէն ամպե-րու մէջ լուսազգեաց լուսաժպիտ կը նշմարէին փա-խըստեայ հոգին, և սփոփանքը՝ իբրև նշոյլ ստուերաց մէջ կ՚իջնէր իրենց սրտին մէջ. բայց այդ մխիթարիչ ու հոգեզմայլ տեսիլներուն վրայ քօղ մը ձգեց գիտու-թիւնը, թանձր քօղ մը որոյ վրայ նկարուած կը մընայ անձին՝ ժանտատեսիլ մահն, անեղ գերանդին ի ձեռին ու դժոխային ծիծաղ մ'իր կմախային այտից վրայ.

Այս է Ձեր հոգւոյն վիճակը. գիտեմ, կ'զգամ աղջամուղջն որ կը լնու զայն։ Ի՛նչպէս կրնամ ըսել թէ սրբեցէք Ձեր արտասուքը, ոչ միայն Դուք կ'ողբաք հէք Գալուստը, այլ և ամէն անոնք որք կը ճանչնեն զինքն, ազնուաբարոյ, բարեհամբոյր, բարեկիրթ, ուսեալ, տաղանդաւոր, քանաստեղծ Գալուստն, Տէմիրճիպաշեան ծաղկաւէտ գերդաստանին ընտիր շառաւիղներէն մին։ Իւր անակնկալ մահն սարսեցուց ամէն հոգիներ, ամէն մարդ զգաց իբր խուրձ մը կայծերու որ կը ցնդէր կը մարէր դատարկութեան մէջ։ Երիտասարդն վշտակից եղաւ Ձեզ, զի ինքն ալ կը կորսնցնէր եղբայր մը. և ծնողնիք որ կ'ընկերանային ի ր դագաղին՝ ընկճեալ էին հարուածին տակ, հաղորդ Ձեր թշուառ հօր և մօր դառնակսկիծ ցաւոյն։

Կուլաք, կուլանք, կուլան. այսպէս կ'անցնի մարդկային կեանքը. վիշտն անհրաժեշտ պայմանն է սիրոյն՝ որ կ'առատագրէ կեանքը։ Ապրելու համար ի սէր կը դիմենք, կը կազմենք սիրոյ կապեր, ծնողաց՝ որդւոյ՝ եղբօր և քեռ, ամուսնոյ քաղցր հանգոյցներով կը միանանք, այլ և այնքան առաւել զգայուն, այնքան առաւել վիրաւորելի կը գործեմք մեր սրտերն։ Իսկ առանց սիրոյ հնա՞ր է ապրիլ. — Ո՛չ, առանց վշտի կա՞յ սէր. — Ո՛չ, նը տեսնէ՛ք թէ չէ հընար դուրս ելնել այս երկաթէ շրջանակէն։

Միայն մխիթարութիւն մը կայ, այս է՝ երբ կը տառապինք, պատահի վշտակից հոգիներու որք իրենց արտօսրը խառնեն մերինին. ինչ որ կայ, ամենէն անարկու՝ է լալ ամայութեան մէջ՝ գուցէ։ Հազարաւոր հոգիներ ողբակից ունիք Ձեզ որ Ձեզ հետ տառապեցին ու կ'առապեն Ձեր վաղամեռիկ եղբօր գամբանին վրայ։ Թո՛ղ մխիթարութիւն մ'ըլլայ այս Ձեզ.

Ի մէջ վիրաւորաց, սգակից է Ձեզ և տրտմութեամբ կը համբուրէ Ձեր ճակատն.

Ձեզ համակրող ու զՁեզ սիրող
Ռ. Ց. ՊԵՐՊԵՐԵԱՆ

---

20 Ապրիլ 1893, Արմաշ

Սիրեցեալդ իմ Պ. Ս. Գ.

Նամակիդ իբրև պատասխան կ'գրեմ և ո՛չ իբրև ուսումնասիրութիւն։ Կ'հարցնես ինձ թէ «Ի՞նչ հրապոյր ունի վանական կեանքն և թէ ի՞նչ տեսլական ունիմ ես վանականաց համար.» ահա իմ կարծիքս։

Ընկերական կենաց մէջ թէ՛ ի հարկէ և թէ՛ բնական իմն բերմամբ երկուան կուգան ապրելու զանազան ձևեր կամ կենցաղներ. վանական կեանքը հարկի մը սահմանուած է և ո՛չ էական պայման մը ապրելու։ Հին աշխարհի մեղկ և անկարգ բարոյականը կը թելադրէր երբեմն զբօսասէրներ հեռանալ ընկերային շրջանակներէ և ապրիլ յառանձնութեան։ Այդ եղանակն մեր մէջ ալ կանուխ ժամանակօք ընդունուեցաւ, և վանքերու անհամեմատ բազմութիւնն մեր եկեղեցական կեանքի ամենէն գործունեայ երևոյթը կ'դնէ մեր առջև։ Վանքերն հրապոյրն հո՛ն կ'սկսէր ուրեմն երբ մարդ ձանձրացած աշխարհէն և անոր վայելքներէն՝ կ'ուզէր յիշնքն ամփոփուիլ և անձուկ մթնոլորտի մը մէջ սեղմուելով՝ աւելի ուժգին սլացք մ'առնուլ դէպ ի այն՝ յոր կ'հաւատար և որում կ'կարծէր հաճոյ լինել. ցորչափ չնչէր մաքուր ու անխառն օդ մը և աղօթէր հանդարտիկ։ Իսկ այժմ՝ վանական կեանքն կորուսած է իր նախկին գոյութեան պատճառը և չունի հրապոյր մը՝ որ յատուկ լինի իրեն։ Անոնք որ կ'համակերպին այս կամ այն կենցաղական պայմաններուն՝ յայտնի է թէ կ'չինեն մի ո՛ր և է հրապոյր՝ թէ՛ մասնաւորական լինի այն և թէ հոգեւոր։ Ի՞նչ տարբերութիւն կրնայ ունենալ այժմեան եկեղեցականն թէ՛ վանքին մէջ ապրի նա թէ քաղաքին. թէ վանական կ'աղօթէ՝ չ'աղօթե՞ր ընկերութեան մէջ ապրող եկեղեցականը. թէ վանականն կը կարդայ կամ կը գրէ, ո՞վ կ'արգելու զմիւսն նոյն բանն ընելէ. և մի թէ մեր վանականք չե՞ն թողուր հաճութեամբ իրենց բոյնը՝ երբ բարձի մը կոչումն զիրենք հրաւիրէ յ'այլ աթոռ։ Այն օրն՝ յորում կը հեռանան վանքէն, ի՞նչ ամայութիւն կ'զգան իրենց ներսը. ո՞ր փերթ կը փրթի իրենց կողէն. ոչինչ։ Բիչեր կան անշուշտ որ կամ անգործութեան կամ անկարողութեան և կամ չոհախնդրական կապերու շնորհիկը մնան գաւթին մէջ, մինչ բազմագոյնք առժամանակեայ հանդրուան մը կը նկատեն զայն։ Ըսէ՛ հիմա, որո՞ւն հրապոյրն աւելի կը կչռէ այս տեսութեամբ։ Ի հնումն զաշխարհ կը թողուին փակուելու համար ի վանս, և հիմա վանքը սկզբնակէտ մը կը դառնայ կամ արձակարան մը՝ ուստի յառաջ պիտի նետուին կրկէսին մրցանակին խլելու հետամուտ ազինքը։ Ոչ ոք ուրիշն ձանձրացած է աշխարհէն՝ որ վանքն ընտրէ իբրև մենաստան. թերևս ապաշխարողներն միայն եթէ մարդոց ներկայութենէն կը չառագունին՝ վանական խցիկ մը հրապուրիչ պիտի գտնեն՝ իրենց խղճին ու Աստուծոյն հետ առանձին մնալու համար։ Վերցո՛ւր կրթութեան ոգին ու պաշտօնը վանքերուն վրայէն, և անոն՝ ո՛չ մի հրապոյր պիտի գտնես անոնց մէջ լոկ ազգի իւրում (sui generis)։ Չեմ կրնար հաւանիլ անոնց՝ որք յուսահատ սրտի մը յանկարծական բերմամբ հառաչելով՝ վանքի մը լռութիւնն ու ամայութիւնը կը փնտռեն․․․։ Հոգևական կեանքը՝ գիտես դու՝ ի՛նչ գեղեցիկ և անուշաբոյր ազդումներ կը թողու իւր սիրուն պատկերներով՝ երբ բնապաշտ բանաստեղծի մը գրչին տակ ոգեւորի, ի՛նչ թարմութիւն՝ կ՚ըսես իւրովի։ Զգացիր անշուշտ թէ յոյժ լաւատեսիկ հարցում մը ուղղած ես ինձ, թերևս զի՝ դուն վանքի մէջ չբնակած ատեն՝ վանականի մը յատուկ եղող պարագայմանց մէջ տեսած լինելով՝ կ՚ապառէիր որ հիմա բուն յարկին տակ գտնուելուս շնորհիւ՝ գեղեցիկ հորիզոններ ցոյց տամ քեզ․ դժբաղդաբար սակայն՝ նոր փորձ մը կամ նոր գաղափար մը չեմ ստացած․ Ես արդէն կամայական աւանդութեամբ ծրարուած՝ սեղմուած՝ միով բանիւ՝ պանդխտաբար կեանքէ շատ հաճոյք չեմ զգար․ ինձ համար՝ իմ նոյն ձեռամբս ոլորած բժժոս աւելի լայն կը գտնեմ՝ քան այլոց ընդարձակ վանդակը․ առաջնոյն մէջ կրնան թեւեր բանալ երկրորդին մէջ փետրաթափ կը բեկանի թռիչը։ Եւ սակայն՝ չեմ ատեր ո և է կեանք՝ որ օգտակար լինելու յարմարութիւններէ զուրկ չէ բոլորովին։

Գալով վանականաց ուսուցականին՝ զորմէ իմ կարծիքս կ՚ուզես լսել՝ արդէն փոքր ի շատէ բան մը կըրցար հասկընալ ցարդ բառերէս։ Բայց քիչ մ՚ալ աւելի որոշ խօսիմ։ Վանքը դպրոց մ՚է կամ պէտք է լինի․ եկեղեցական ուսմանց և կրօնական դաստիարակութեան համար սահմանեալ պատշաճագոյն վայրն է ուր պէտք է կրթուին ամէն անոնք որք պիտի ծառայեն Եկեղեցւոյն, այդ կրթութեան հանգամանքներ սակայն հա՛րկ է որ փոխուին ըստ պահանջման ժամանակաց և ըստ լաւագոյն ոգւոյ դարուն: Վանական դաստիարակութեան ամենէն աւելի ակնյայտնի թերութիւնն եղած է դարդ մեր մէջ՝ ի մասնաւորի՝ չկրնալ կազմել տալ միտք մը որ սեռն ու սերտ հաւատքը յաջողի հաշտեցնել իմացական լոյսերու հետ. կը ներշնչենք կղերական հպարտութիւն մը, արհամարհանաց զգացումներն կ'խօսեցնենք այն ամէն բանի համար՝ որ վանական չէ, հակառակ ուսութեանց կամ կարծեաց հանդէպ կը պատրաստենք յաղթաւէր բրտութիւն մը, գործնական կեանքի նկատմամբ ապաժաման փցնութիւն մը դժուարաթեք, և քիչ մ'ալ անձնասիրութիւն ստանձնասիրութեան հետ, եայլն: Բայց ահա՝ այս ամէն թերութիւններն պիտի դարմանուին ինքնին, եթէ վանական դաստիարակութիւնն ծառայէ ո՛չ թէ վանքի մը խորշը մնալու, այլ ընդհանրութեան օգտին անընդմիջաբար սպասաւորելու համար, որովհետև քըրիստոնէական ոգին չներեր որ մակաբոյծ կեանքեր աճում պահեն եկեղեցւոյ գործարանաւորութեան մէջ և անգործ ապրելու պայմանին հետ ա՛յնքան հաշտ ընթանայ ուխտի մը վերապրուած գուզնաքեայ առաքինութիւնը: Այսպէս՝ իմ տեսակէտս — քու բառովդ — կը կայանայ, այս տկարութիւններն արմատաքի խլելու աշխատութեան մէջ:

Մնամ աղօթարար

ԵՂԻՇԷ Վ. ԴՈՒՐԵԱՆ

Ա՛ս մեծարոյ Տէր,

Թադէոս պատուելի Կէօզիւբեան,

Գիրքը՝ քու Թարգմանութիւնդ՝ զոր ինծի ձօնեցիր, Պատուելի՛, կենաց վրայ կը խօսի, երկար ապրելու միջոցներուն վրայ։ Մակագրէն գիտեմ զայդ, քանզի չը կարդացի մանաւանդ։ Այդ տեսակ գործեր շահեկանութենէ զո՛ւրկ են այլ եւս ինծի համար։ Կենաց երկարութեան ո՞չ ապաքէն կը փափաքի ա՛ն, որ ընտանիք մ'ունի պահպանելու կամ իղձ՝ ընտանիք մը կազմելու. ապրիլ՝ ի մի բան՝ ո՞չ ապաքէն ա՛ն կը բաղձայ միայն որ կը սիրէ կեանքն, որում անծանօթ է ձանձրոյթն։ Արդ, ի՛ ընտանիքս ինծի հետ պիտի վերջանայ, և պահպանելու ոչ եւս ունիմ ոք երկրի վրայ. իսկ խորհուրդ ու ձեռնարկ՝ ինա՛ւ։ Է՞ր ուրեմն ընթեռնում ա՛յնպիսի գործեր, որք գիտցածս արդէն ինծի պիտի ըսեն, կամ չգիտցածս յանօգո՛ւտ ինծի պիտի ուսուցանեն։

Ես փոխանակ կարդալու Թարգմանութիւնդ, ո՛ր յոյժ օգտաւէտ անշուշտ ու յանձնարարելի գործ մ'է, կը խորհիմ Թարգմանչին իսկ վրայ։ Կը խորհիմ, Պատուելի՛, թէ մշտնջենական բանտարկեալ մ'ես դու յաշխարհի։ Սա՛ այն խելոյն կը յարեմ. «Իր հոգւոյն բանտարկեալն է Թադէոս աչագուրկ Պատուելին։» Բանտարկեա՛լդ հոգւոյ, բանտիդ շրջանակն յաւէտ դու կ'ընդլայնես, և շնորհեալ իմացական կարողութեամբք՝ արգելանդ անսահման աշխարհի մը կը փոխարկես. արտաքին աշխարհին բարիք ու փառաւորութիւնք՝ որոց վայելմանէն զրկուած ես, ի ներքս ի քեզ զայնս ինորոյ կը ստեղծես։ Եւ մինչ բիւրուց ի բիւրս որա-ծոց կը բաշխին արփենի ճաճանչք և աստղենի նշոյլք ի քեզ՝ զքեզ միայն լուսաւորելու համար՝ արեգա-մողջոյն և աստեղաց հոյլեր ունիս դուն, — Երագ-զոր և ոչ ախեղերակալ մ'իրացուց երբեք յաւիտեանս։ Ներքնաշխարհիկ ովկէանդ, որոյ մօտ թերեւս լճակք են երկնագնդոյս և երկնագնդից ովկէանք, յիւրն ա-ւազածիր միակ միահեծան հանդիսատեսիդ առաջի կը պարզէ խաղ կամ խաղաղ իւր տարածն հրաշափառ։ Ներքնակատար բարձանց բնակ՝ քոյինատեղծ արծը-ւոյդ երկնոլացիկ ճախրանաց բարձրութիւնն այլ եր-կիւղածօրէն կը մրցի գերաթռիչ հոգւոյդ վերասլաց-մանց։

Յարժամ հանդիպիմք միմեանց ու դու յետ ձայնս թուի ինձ ձեռնեքդ ձայնիս ուղղութեան կը հետեւին և երեւոյթն ունիս յայնժամ մարդո՛յ յորոյ ձեռանէն թռչուն մը կը խուսափի՛։ Ձայնս արդարև ձեռացդ չօ-շափմանէն վրիպելով՝ աներեւակ հաւ անհունաբաղձ կը խոյանայ հոգւոյդ մէջ։ Եւ հմայքն՝ որով զգեցեա անտի կ'ելնէ դուրս, ա՛ա այդ հմայքն է, Պատուելի՛ որ ի ներքս ի քեզ անցած սքանչելահրաշ անճա՛ռ ի-րողութեանց վրայ գաղափար ինձ կուտայ։ Եւ անտի անինչ իմ մեծ՝ յաճախ մտաւոր ընդ քեզ ձայնի՛ւ խօ-սելու։

Բայց աւելի բուռն բաղձանք մ'ունիմ յաւէտ. — ունկն դնել ամայի բնակարանիս և համօրէն ամայու-թեանց լռութեան, որ կուտայ հոգւոյս նախաճաշակն անէութեան։ Ինձ այնպէ՛ս կը թուի թէ լաւ եւս կը լսեմ, երբ աչուիս խփեմ։ Եւ ստէպ ես աչքերս. կը փակեմ արեգական դէմ։

Մերթ եւս մելամաղձութեամբ կը հարցնեմ ես ինձ,

«Նա՛ ևս արտեւանունքն առ յաւէտ չէ՞ կափուցած, որպէս զի լա՛ւ ևս լսէ և յարաժա՛մ լսէ ներքին ձայներն»: Հարցումս զքէ՛ն խորհելով կ'ընեմ, և աչերս աւելի պինդ կը փակեմ...:

Ե. ՏԷՄԻՐՃԻՊԱՇԵԱՆ

Գատըքէօյ 18 Դեկտ. 1891

Մտերմական նամակ.

Փետրուարի 13

Իմ առաջին ներկայացման յաջողութեան մասին անշուշտ տեղեկութիւն ունէք և կարդացած կը լինէք Մոսկուայում հրատարակուող Ռուսաց երկու գլխաւոր թերթերի մէջ, բոլոր թատրոնների դերասաններն այնտեղ էին և իւրաքանչիւրը զատ զատ սենեակս կուգային բարեմաղթութիւններ անելու: Ներկայացումից յետոյ պարահանդէս կար թատրոնի մեծ սրահին մէջ. յոգնած էի սաստիկ, բայց բռնի ինձ տարան սրահ, ուր հաւաքուած էին թատեր հանդիսականները, շատ էլ ռուսեր և ուսանողներ, բոլորը միաձայն սկսան ուռայ կանչել և ծափահարել: Դուք երեւակայեցէք իմ դրութիւնս, գետինը պատռուէր տակն անցնէի՛մ, կը մտածէի: Դուք ինքնիրենդ անշուշտ կը հասկնաք, թէ ինչպէս ներսից ուրախ (այս կը խոստովանիմ), բայց միանգամայն դրսից ամօթահար եղել եմ, հասկնալի է, որ մեծ ուրախութիւն է դերասանի ծափահարուիլ բեմի վրայ, բայց կեանքի մի պարահանդէսի մէջ... կարող էք ըմբռնել թէ ի՛նչ զգում եմ. դուք որ եթէ մէկը ձեր երեսին գովեստ տայ, կը ներուիք: Այս բոլորն ինձ գրել չի վայլեր, բայց խոստացել էի գրել ամէն ինչ մանրամասնօրէն և միայն ձեզ կարող և պարտական եմ գրել: Ծանօթացայ բոլոր գլխաւոր դերասանաց և դերասանուհեաց հետ: Ծանօթացրին ինձ նոյնպէս Ամթէրովակու հետ. շատ սիրով վարուեցաւ հետս, հրաւիրեց ինձ իրեն մօտ ճաշի, երբ լսեց որ **Արդիւնաւոր պաշտօն** պիէսան թարգմանուած է հայերէն և ես ներկայացրել եմ **Ժադովը**, սաստիկ ուրախացաւ:

Եկած օրէս ի վեր ո՜րքան տկարութիւն որ ունիմ, մէջտեղ ելան: Տեսէք բաղդը, գալ Մոսկուա, այսպիսի մի անուն և յաջողութիւն գտնել և միշտ հիւանդ լինել...

Առաջին հասոյթից գոյացաւ 1200 ռուբլի: Երկրորդ ներկայացմանը նուազ գիներով էր: Այդ ներկայացմանը երեկոյին՝ շատ դերասաններ կային, միշտ սենեակումս էին անդրաքչներն, ի միջի այլոց Սվապոտինա, Պարիչէվա, Րիուզի, Տակմարովա դերասանուհիք ես սենեակս եկան և խնդրեցին ինձնից իբրև յիշատակ մի տերև ուսանողների ինձ ընծայած պսակից, որն որ տուի մեծ ուրախութեամբ: Այս երեկոյ հրաւիրուած եմ տասակով Ռուսայ դրամատիքական թատրոնը **Ապերախտ տարիք** անուն նոր՝ պիէսան տեսնելու, և յետոյ չայի գնալու իրենց մօտ:

Այստեղ ծանօթացայ՝ խիստ շատ Հայերի հետ: Երկու լուսանկարներ եկան խնդրեցին, որ գնամ իրենց մօտ պատկերս հանել տալու: Հինգ օրից վերջին ներկայացումը կը տրուի և ես հիւանդ՝ չեմ կարծեր որ կարողանամ մնալ այս տեղ, գուցէ ուղիղ Նախիջևան գամ:

Անանովի մօտ հանդիպեցայ Այվազովսկուն, երեւելի նկարչին, որ ինձ ուզեր էր տեսնել։ Ջորս վայրկենի մէջ մի ծովային տեսարան ուրուագծեց գրչով և ինձ նուիրեց։ Կարող էք երեւակայել թէ ո՛րքան ուրախացայ. յետոյ ուզեց որ մի բան արտասանեմ, արտասանեցի Դարբինները, իբրեւ ի փոխարինութիւն իւր Թանկագին ուրուագծին, սակայն իմս անցաւ, նրանը մնաց։ Այո՛, այնպէս է. նկարիչներից, երաժիշտներից, արձանագործներից և բոլոր գեղարուեստէրերից աւելի շուտ և բարոյապէս կը մեռնին թատերասէրք, այսինքն դերասանները. առաջինները գործերը մահից յետոյ ապրելով, կ'ապրեցնեն նաև իրենց հետ հեղինակներուն անուններն էլ, այլ խեղճ դերասանաց միայն յիշատակը կը մնայ, այն էլ եթէ ունենան սրտի տէր բարեկամներ, նրանց սրտին մէջ կ'ապրին։ Այլ թատերասիրաց համար միայն կը յիշուին այն տեղ, ուր որ կենդանի ժամանակին ծափահարուած են այսինքն թատրոնում։ Եթէ մի Հայ թատերասէր իմ մահիցս յետոյ, հանդիպի մի ուրիշ դերասանի, որ ներկայացնում է այս ինչ խաղը շատ վատ կերպով, անշուշտ ինձ կը յիշէ. բայց թատրոնին դռնէն դուրս ելլելուն պէս կը մոռնայ։ Եթէ մանկութիւնից ինձ լաւ բացատրէին թէ ի՞նչ է կեանքը, գուցէ ուրիշ ճանապարհով մտնէի նորա մէջ։

16 Դեկտ. 1812

ՊԵՏՐՈՍ Ց. ԱԴԱՄԵԱՆ

(Ս՛րուելք)

Բարիզ 7 Ապրիլ 1882

Սիրելի Եղիա,

Հազիւ երկու ժամէ ի վեր շոգենաւս հեռացած էր Վոսփորի ափունքէն. արեւը մարը մտած էր արդէն և մութն կը թանձրանար տակաւ տակաւ. նոյն օրն մեծ ցնցումը կրած էր հոգիս. լալով բաժնուած էի, առաջին անգամ լինելով, ընտանեացս գրկէն, և միայնակ, դեռ ոչ իսկ քսանամեայ, ես կը հեռանայի այն տաղնջական յարկէն, ուր տակ անցուցած էի մանկութեան և պատանեկութեան տարիներս, տարինե՛ր անմեղութեան և երանութեան. կը հեռանայի . . . ա՛լ անարիս մօտ չպիտի գտնէի հոգատար մայրիկս, ա՛լ շուրջս չպիտի տեսնէի խանդաղատանքի ժպիտներն, ա՛լ զրկուած պիտի մնայի ընդերկար ընտանիքէս և բարեկամներէս, կ'երթայի հեռու, շատ հեռու քաղաք մը, ուր, ո՞ գիտէ, ի՛նչ փորձութիւնք և աղէտք ինձ կը սպասէին. ուր, անփորձառու և առանձին, պիտի ստիպուէի մարտ մղել ինձ սպառնացող անհամար հրապուրանաց դէմ. այս տխուր գաղափարներն, գիշերուան մթութիւնը և Սև ծովու ներգործած առաջին տպաւորութեան հետ խառն, սոսկում ազդեցին ինձ. յանկարծ ուզեցի ետ դառնալ, դառնալ խաղաղութեան գիրկը, զոհելով ուսումն ու ապագայն. այլ Տանաէ յառաջ կը խիղախէր և անիւին անձնիւր շրջանն կը հեռացնէր զիս ծննդավայրէս. աչքս յառած էի այն կողմն, ուր դեռ կը տեսնէի Ֆէնէրի կանթեղին լոյսը, որ տակաւ կ'աղօտանար, տեսայ թէ ա՛նհնար էր ետ դառնալ, բայց հա՛րկ էր մարդ լինել. որոշեցի վանել *սև խորհուրդներս՝ ընթերցմամբ. ձեռքս գրպանս տարի և անդ գտայ նամակդ, երթաս բարեաւի միակ գիրն, զոր ստացայ քաղաքէդ մեկնելէս յառաջ, կարդացի զգայուն տողերդ, որք սփոփեցին զիս, մանաւանդ այն տողն ուր գրած էիր. «Գնա՛, հետիկդ ըլլայ Աստուած...»։*

Այո՛, Եղիա, ըսի ինքնին. իրաւունք ունիս, պէտք ունիմ Աստուծոյ օգնութեան, այլ քանի որ քեզ պէս առաքինի սրտէ մը այդպիսի մաղթանք մը ինծ կ'ուղղուի, Աստուած հետիկս է. պիտի պաշտպանէ զիս...

Նոյն օրէն ի վեր այդ նամակդ ծոցս կը պահեմ և երբեմն կը կարդամ զայն. նոյն տողերը միշտ կը զօրացնեն սիրտս և խրախոյս կուտան ինծ։

Վեց ամիսէ ի վեր կը հետեւիմ իրաւագիտական դասերուն. կ'աշխատիմ որքան կարելի է, գիշերն խառնելով ցերեկուան. չգիտեմ պիտի յաջողի՞մ, այլ խիղճս հանդարտ է, քանզի պարտքս կը լնում։ Բարիզ չհրապուրեց զիս, կը տեսնեմ թէ կամք ունեցող երիտասարդի մը համար հնար է աստ ապրիլ անմնաս և առանց վէրքի ազատիլ ամէն կողմէ արձակուած թունաւոր սլաքներէն։

Եղբայրդ

ՀՐԱՆՏ ԱՍԱՏՈՒՐ

Հարսանեկան շնորհաւորագիր։

16 *Փետրուար* 1898 *Ժընեւ*

... Սիրեցեալ բարեկամ,

Ուրախութեամբ կարդացի Ձեր նամակը, որով կ'աւետէիք ինձ Ձեր երջանիկ ամուսնութիւնը։

Ձեզմէ աւելի ե՛ս բարեբախտ պիտի համարէի ինքզինքս կարենալով անձամբ ներկայ ըլլալ Ձեր հարսանեաց հանդիսին ու բանիւ բերանոյ յայտնելով իմ իղձերս Ձեզ ու անոր զոր կենակից ընտրեցիք Ձեզ։

Պէտք է ըսեմ թէ Դուք իմ շատ սիրած բարեկամներէս մին էք, ու միանգամայն այն պաշտօնակիցներէ զորս ամենէն աւելի կը գնահատեմ իրենց խղճամիտ գործունէութեան, իրենց յառաջադէմ ճգանց, արդիւնարար վաստակոց ու բարոյական ազնիւ հանգամանաց համար։

Աւելորդ է ըսել թէ ո՛րքան փափաքող էի ու եմ միշտ Ձեր երջանկութեան։ Այն սրտագեղ ուրախութիւնը որով կը ծանուցանէք ինձ Ձեր հարսանիքը՝ ցոյց կուտայ թէ Ձեր սրտին ու Ձեր իղձերուն համաձայն է միութիւնը զոր կազմեցիք և թէ Ձեզ ու Ձեր տան համար երանութեան աւետաբեր հրեշտակ մը կը տեսնէք այն էակին վրայ որ իր բախտը կցեց Ձերինին հետ։

Ձեր ուրախութեան սրտովին հաղորդ, կը մաղթեմ որ Ձեր կնքած ամուսնական դաշնը իրացնէ լիովին Ձեր պարկեշտ ու բարեկիր հոգւոյն բոլոր իղձերը։

Իցի՛ւ Ամոլքդ սիրայօդ ձեռն ի ձեռն քայլէք միշտ

ընդ երկայնութիւն կեանքին, իրարու քայլերուն քաղցր զօրութիւն ու նեցուկ թանկագին, վարդեր քաղելով ու վարդեր իրարու նուիրելով, ցաւոց փուշերէն Ձեր մատներ ու ոտներ անխոց ու անվէր, ու Ձեր գլխոց վերև Ձեր երկինքին ամպեր միշտ շողուն անստուեր, Ձեր առաջին օրերու ուրախութիւնքն միշտ թարմ տեւական, ու միմեանց սիրոյն մէջ Ձեր գտած երջանկութիւն աճեցուն այն քաղցրութեամբք զոր Ձեզ տան անոյշ պտուղք Ձեր սիրոյն, անբիծ պատկերք Ձեր հոգւոյն։

Ահա՛ այն անկեղծ ու ջերմ բարեմաղթութիւնքն, զորս Ձեր նոր կեանքին համար կը նուիրէ Ձեզ բարեկամ մը օտարութեան՝ բայց նաև սրտագին սիրոյ խորէն։

Իմ զգացմանց մասնակից է և Տիկին Պէրպէրեան, որ նոյնպէս այս բարեբաստիկ առթիւ իր յարգանքն ու մաղթալից շնորհաւորութիւնքն կը մատուցանէ առ Նորապսակ Ամոլդ։

Ի վերջոյ, շնորհակալ ըլլալով Ձեզ Ձեր նամակաւ առ մեզ յայտնած Ձեր սիրոյն ու իղձերուն համար,

Կը մնամ Ձեզ ընդմիշտ բարեացակամ։

Ռ. Ց. ՊԷՐՊԷՐԵԱՆ

Նամակ առ Արժ. Տ. Յովհ. Աւագ Քահանայ Մկրեան, Ծոռս Յակոբիկ որդւոյն մահուան առթիւ:

Ողեկորոյս Հա՛յր,

Գարնան զուարթաբեր առաւօտ է, Ծաղկազարդի տօնն էր, մինչդեռ աշխարհ կը ծաղկազարդէր, քու ծաղիկդ խամրեցաւ, ո՛հ, և մինչ մանկտին ձիթաստանեաց լերան վրայ Ովսաննա՛յ կ'երգէր, մինչ եկեղեցին կը հրճուէր, դու Յակոբիկդ կուլաս և ինձ գոյժ կուտաս որ իբրև զհայրդ կը սիրէի զինքն, և ո՞վ չէր սիրեր այդ աննման զաւակդ, որ իւր ամէն ազնիւ ձիրքերով սիրելի եղած էր ամենուն: Եւ գիտեմ, դու անհնարին կը վշտակրիս և կը խորհիս թէ ինչո՞ւ համար շուտ խամրեցաւ նորաբոյս գարնան ծաղիկդ: Դու կը հաւատա՞ս, Հա՛յր, թէ ծառերու և ծաղիկներու զարդուրիչ մշակը՝ նախախնամութիւնն է, և նա է որ մահկանացուաց աշխարհէն կը տեղափոխէ անմահութեան աշխարհին և դրախտին մէջ կը տնկէ, և ո՞վ կարող է կամ իրաւունք ունի նախախնամողին ձեռք բռնել, որ իսկապէս ծաղիկներուն դարմանիչ տէրն է:

Մի քանի օր առաջ զՅակոբիկդ տեսայ, նա գիտեր թէ կռուեր իւր անձին դէմ և երկնից դէմ կ'ոգորէր. հոգին ներքուստ կը հեծէր, շրթունքները կափկափելով կը պաղատէր. «Տէ՛ր իմ, կ'ասէր, դեռ մատաղ մանուկ եմ, նոր եկայ աշխարհը, թող որ տեսնեմ թէ, ի՞նչ կայ. ես լոյս կը սիրեմ, առաքինութեան ասպարէզ նոր մտեր եմ, ի բոլոր սրտէ յառաջդիմութիւն կը սիրեմ. ո՛հ, մրցանակս մնաց, թող տուր ապրիմ նպատակիս հասնիմ, մրցանակս առնում և ապա մեռնիմ»։ Յառաջդիմութեան սիրահար Յակոբ, ա՜հ, մինչև քու տագնապի և մահուն օրը գիր սիրեցիր․ ու գրիչ սիրեցիր և յառաջդիմութեան կարօտով մեռար։ Յակոբին գրիչը՝ ձեռքը առէք, այնպէս գրէք ի գերեզման․ Թող երթայ երկնից դպրութեան մատանը, հրեշտակներու հետ սլարալի, երգէ ու գրէ։

Հա՛յր, կ՚աղաչեմ, ողջոյն տուր Յակոբին, ես չեմ կարող ժամանել և չեմ հանդուրժել նորա դագաղը տեսնալ։ Համբուրէ՛ այն պայծառ ճակատը, որ յառաջդիմութեան նշան կուտար և մահուան ժանտ ձեռքն եղծեց զայն։ Համբուրէ՛ այն գրասէր աչերը որ ընթերցմանէն լուսանուազեր էր․ և գիտեմ թէ քանի՛ անձկութեամբ կը սպասէր, որ իւր վաստակաւոր մատանց երկասիրութիւնը(*) տեսնայ և այնպէս մեռնի և միթէ ուխտե՞ր էր մանկտւոյն ընծայ մը տալ և մնաս բարով ըսել։

Սորա համար, Հա՛յր, քո վիշտդ անկշիռ է և ո՞վ կարող է զքեզ և քու ցաւերդ սփոփել։

Այլ մխիթարեա՛ց, մխիթարեա՛ց, դու Քահանայ Տեառն ես, Քահանայ ես Քրիստոսի եկեղեցւոյն, անմահութիւն և արքայութիւն կը քարոզես, ձեր մեծ կոչումն է, որ սգաւորները մխիթարես։ Ուստի գնա՛ սեղանոյն առաջ զոր կը պաշտես դու, քու ձեռքերդ վերամբարձ տարածէ՛, լի հաւատով գոչէ Ոսկեբերանին վերօրհնութիւնը․

«Փա՛ռք քեզ, Աստուած, փա՛ռք քեզ, յաղագս ամենայնի»․ Դարձի՛ր ի տուն, սփոփէ Յակոբիկին սգաւոր մայրիկը, որ քան զքեզ առաւել կ՚աղեկիզի և կը մորմոքի․ զի մայր է, և մօր գորովն անհուն է։

1876 Մարտ 28 ԽՐԻՄԵԱՆ ՀԱՅՐԻԿ

(*) Նախաշաւիղ Գիտութեանց եւ Արուեստից։

Դարձեալ ցաւակցական նամակ առ Տ. Յ. Աւագ քահանայ Մկրեան՝ նորա Համասփիւռ աղջկան մահուան առթիւ:

Տէր Հա՛յր,

Ձեր շնորհալի դստեր Համասփիւռին հիւանդութեան, մահուան և թաղման օրերուն գտնուեցայ առ Ձեզ, բայց գիտնալով վեր առաքինութիւնը, Ձեր արդէն վշտակրութեան վարժութիւնը, և Ձեր խաչակիր պաշտօնին հետ՝ կեանքի ձախորդութեանց, ցաւոց առջև կուռ արիութիւնդ, որոց կը տանիս քրիստոնէաբար և օրինակելի համբերութեամբ, ի՞նչ կրնայի խօսիլ Ձեզ:

Դուք Աւետարանը գիտէք, Աստուածաշունչէն ներշնչեալ էք, յաւիտենական կենաց բանին աշակերտ, և աշխարհի յաղթող զօրագլխոյն կամաւորն ու պաշտօնեայն էք. սիրտ ունիք, միտք ունիք, հոգի կը կրէք, կ'ուսուցանէք, կը հաւատաք, կը գթաք և կը մխիթարէք:

Եւ, ինչպէս առատ էք դուք Ձեր բարեկրօնութեամբ այնքան առաքինութեանց մէջը, նոյնքան առաւելութեամբ կը փոխարինուիք նաև առաքինասէր դասերէ. ամէն անգամ երբ պատճառ ունեցած էք լալու, հազարաւոր ականողիք իր արտասուքներ խառներ են Ձեր լացին, հազարաւոր սրտեր վշտակցած են Ձեր վշտակիր սրտին:

Կարեկցութիւն՝ սփոփանք մ'է ցաւ ունեցողին, և բարեկամին արտասուքը սպեղանի է խոցեալ հոգիներուն:

Կ'ըսեն թէ կղերն անկարեկից է, մանաւանդ կու-

սակրօն կամ ամուրի կղերը։ Սո՛ւտ է։ Միթէ քարէն ծնած է նա։ Ո՞չ ապաքէն մօր մը ստինքէն սնած է, անոր արիւնն ու կաթն կեանք տուած են իրեն. քոյրերու և եղբայրներու խանդաղատանքը տեսած է. իր տանն ու դրկիցին, բարեկամաց ու ազգականաց բերկրանքն ու ցաւերը կրած է. մանաւանդ երբ ժողովրդեան մէջ ապրած ոք է, ծնողէ մ'աւելի ընդարձակ և և խոր կ'զգայ ցաւն ու վիշտը։

Ես մանուկ էի, և երբ մեր այգեստանեաց նորատունկ խաղողոյ որթերը կը յօտէին, կաթիլ կաթիլ զուլալ ջուր կը կաթէր կտրած որթէն. մայրս կ'ըսէր թէ «Այս որթին մայրը, խաղողին կոճղն է կուլայ, անոր արցունքն է որ կը թափի»։ Երբէք չեմ մոռնար այս գթասրտութեան քնքուշ բարոյականը. միշտ կը յիշեմ այս գորովական մայրական դասը, երբ կը տեսնեմ հօր մը և մօր մը աչքի առջև ինկած իրենց զաւկին դիակը։

Միթէ այդ որթի փայտէ աւելի անզգա՞յ է կրօնաւորի մը սիրտ. ոչ, ոչ, Տէր Հայր, սրտին երկու վիճակ կայ, երբ յանհուն կը զգածուի զգայուն սիրտ մը, կամ չափազանց փղձկելով կ'արտասուէ ու ցաւագին ողբեր կ'արտասանէ, կամ իր կսկծանաց խորագոյն ծովին մէջ կ'ընկղմի, աչքերը կը ցամքին, լեզուն կ'ընդարմանայ, և զգայնութիւնը կը հեղձնու։ Բայց անըզգայ լինել անհաւատալի է։ Ես ի քեզ նայելով, այս վերջին վիճակն ունէի. դեռ այսօր կսկտուր քանի մը տող աւասիկ կը գրեմ Համասփիւռի յիշատակին, չի հանդուրժելով խօսիլ Ձեզ բերան առ բերան, այլ սրտէ սիրտ, ամենասուրբ Հոգւոյն Աստուծոյ մխիթարութիւնը մաղթելով թախծագին ծնողական Ձեր սրտի խաչակիր Տէրտէրիդ և խաչաչարչար Տիրուհւոյդ։

Գ. Վ. ՍՐՈՒԱՆՁՏԵԱՆՑ

Գուզկունճուք, 1884 Յուլիս 2

Հոգւոյ անմահութիւն։

Սիրելի՛ Մամուրեան,

Տիա՛ր, շատ տխուր տպաւորութիւն ունեցայ սրտիս վրայ՝ շնորհալի հարսիդ՝ ազնիւ Մարիին մահուան լուրը։ Արթնցան յիշողութեանս մէջ իր մանկական հասակի, իր դպրոցական կենաց չքնաղ յիշատակները — զուարթութիւնը, սրամտութիւնը, զգօնութիւնը, պարզամտութիւնը, գեղեցկախօսութիւնը, արթնութիւնը և ամեն կատարելութիւնները, որոնք կը փայլէին իր վրայ իբր շնորհաց ցոլմունքներ։

*Ազնիւ էր իր վարք ու բարքն. քաղցր էին իրեն համար կրօնական և բարոյական դասերը։ Այնպէս որ, կարելի է ասել թէ կ՚արտածէր ինչ որ արդէն ունէր՝ քան թէ նոր բան կ՚ուսանէր։ Անշուշտ կը յիշէք և Դուք, Սիրելի՛ Մամուրեան, որ թէև աւարտած էր իր ուսման ընթացքն, բայց դպրոցէն չէր հեռանար։ Գր*քասէր Օրիորդաց Ընկերութեան *կ՚անդամակցէր և իր բարեհամբոյր բնաւորութեամբ ամենուն համակրանքն կը գրաւէր։*

Այս վիճակին մէջ էր շնորհաշուք Մարին, երբ ես Իզմիրէն մեկնեցայ։ Մեծ եղաւ ուրախութիւնս, երբ յետ ժամանակաց լսեցի թէ՝ նշանախօսուած է Ձեր ազնիւ զաւակին՝ Հրանդին հետ։ Սիրոյ և ճանաչողութեան նշանախօսութիւնն էր այդ, ինչպէս որ եղան ապա նաև սիրոյ և ճանաչողութեան ամուսնութիւն, հեռի ամէն շահասիրական միտումներէ, հեռի արտաքին որևէ ազդեցութենէ, որոնք շատ անգամ պատուանդան կը լինին ամուսնութեան և շա՛տ անգամ կը դառ-

նացնեն այն քաղցրութիւնն, զոր սիրոյ Աստուածն հաճած է դնել ամուսնութեան մէջ։

Ա՜խ, ո՜րչափ ուրախ էի, երբ կը շնորհաւորէի այս ամուսնութիւնն։ Ի՜նչպէս կը խայտար սիրտս և կը սահէր գրիչս, քանզի Հրանդ և Մարի սաներս էին և անպատում էր ցնծութիւնս։ Իսկ այսօր, ո՜հ, այսօր, ստիպուած եմ մխիթարական գրել Մարիի մահուան առթիւ։ Ի՜նչ դժուարին պաշտօն, արտասո՞ւք սրբել՝ թէ մխիթարական գրել. լա՞լ թէ սփոփել։ Ո՜հ, որչա՜փ հոգևոր զօրութիւն պէտք է, որ մարդ, մարմնոյ մի գեղեցիկ և կենդանի շինուածքն քայքայուած տեսնելով, կարող լինի նորա հանդէպ բարձրացնել, պատկերացնել հոգւոյ անմահութեան գեղածիծաղ տեսարանն և առ այն գրաւել սգաւորներու թախծեալ սրտերն ու արտասուաթոր աչքերն։ Ո՜րչափ դժուարին է ներկայի ազդեցութենէն կտրել, յափշտակել սիրտն և յապագայն սևեռել։ Ո՜րչափ տկար է այս մասին մարդն և որչա՜փ տկար էին մանաւանդ հին աշխարհի զօրաւոր կարծուածներն անգամ — Սոկրատ, Պղատոն, Արիստոտել և այլք։ Արդարև մարդ տկար է ինքնին, յոյժ տկար, մարմինն կը ծանրանայ իւր վրայ, հողեղէն յարկն կը հալէ իւր միտքն և չթողուր բարձր թռիչներ առնելու։ Բայց կը զօրանայ մարդ և կը յաղթանակէ հոգին, երբ զօրավիգն կը կոչէ իւր տկարութեան Աստուծոյ օգնութիւնն, հաւատոյ, յուսոյ և սիրոյ ոգևորութիւն, երբ կը խոստովանի թէ՝ Աստուած իւր սիրելի Որդւոյ մահուամբ և յարութեամբ պարզած է մարդկային կենաց մթութիւնն. փարատած է այն սոսկումն, որով մարդ կը սոսկար, կը գարհուրէր դագաղին հանդէպ, գերեզմանական խորխորատին հանդէպ։ Լուծած է այն գաղտնիքն, որ կը կոչուէր կենաց եւ մահու գաղտնիք։ Իւր Աւետեաց գրքով — իւր Աւետարանաւ — մխիթարութիւն սփռած է. մահն՝ մարմնոյն յատկացուցած է, իսկ կեանքն՝ հոգւոյն։ Մարմինն կը մահանայ. իսկ հոգին կը շարունակէ իւր կենդանութիւնն նոյն իսկ յետ մահուան։ Հողն կը հողանայ. իսկ հոգին, աստուածային շունչն առ Աստուած կը դառնայ։

Ինչո՞ւ մեռնի հոգին. ինչո՞ւ անհետի բարին, ճշմարիտն, գեղեցիկն։ Ինչո՞ւ իրենց բուրումներն չծաւալին թէ՛ աշխարհիս վրայ և թէ՛ անդր քան զայս աշխարհ։ Ինչո՞ւ սահմանուի, ինչ որ անսահման է։ Ինչո՞ւ հողին մէջ պարփակուած կարծուի, ինչ որ մարմնոյ գագաղին մէջ իսկ չէր պարփակեր — կը խոյանար, կը սլանար, տիեզերքն կը զննէր, կեանք կը քննէր, կը հաւատար, կը յուսար, կը սիրէր, և ինչո՞ւ անսահման չշարունակուի այս հոգեւոր կեանքն։

Այո՛, այո՛, սիրելի Մամուրեան, հոգին չմեռնիր, կը շարունակէ իր կեանքն անդր քան զգերեզման։ Հոգեւոր կենաց պտուղներն մահ չունին։ Բարութիւնն, քաղցրութիւնն, մարդասիրութիւնն գերեզման չունին. կը մնան արտաքոյ գերեզմանին. կը յիշուին խանդաղատանօք, կը յիշատակուին տարիներով և դարերով և ահա սկիզբն է այս անմահութեան, սկիզբն է յաւիտենական կենաց։

Արդ՝ սիրելի՛ Մամուրեան, յօգնութիւն կոչենք մխիթարութեան Ս. Հոգին, որ կարող է զօրացնել մեր տկարութիւնն, փարատել մեր վհատութիւնն, ըսփոփել մեր սիրտն, պարարել մեր հոգին անմահութեան ուրախութեամբ, յանձնել զմեզ Աստուծոյ և կրկնել— Կամք Տեառն օրհնեալ եղիցի։

Ինչ որ Ձեզ կը գրեմ, սիրելի՛ Մամուրեան, կը գրեմ ազնիւ Հրանդին, զգայուն Մարիամին, Վահէին, և հանգուցելոյն բոլոր արենակցաց և մերձաւորաց։

ՄԵԼՔԻՍԵԴԵԿ ԵՊԻՍԿ. ՄՈՒՐԱՏԵԱՆ

Քատը-քէօյ, 12 *Յունիս* 1896

Բարիզ 1 *Սեպտեմբեր* 1882

Պզտիկ Լեւոնիկ,

Ո՞վ ես դուն նայիմ որ քեզի նամակ գրեմ, ո՞րչափ ատեն եղաւ որ կաթ չես ուտեր կոր։ Դու հօրդ մօրդ գրկէն վար իջած չունիս. հօրդ գիրկը քու աթոռդ է։ Երբ կը քալես աներեւոյթ ոգիներ կը թեւապարեն ու կը պահեն քեզ որ վար չիյնաս։ Դուն չես խօսիր, այլ կը ճլուըլտաս, դուն չես մտածեր այլ կ'երազես, դուն երբ բաներ կ'ըսես՝ երկինքի հրեշտակները կը հասկնան զանոնք. Թռչո՞ւն ես թէ հրեշտակ. կուլա՞ս թէ կը խնդաս, այն ալ յայտնի չէ, լալով կը սկսիս, երգելով կը վերջացնես։ Երբ աչքերդ մեծ մեծ կը բանաս՝ երկինքի՞ն կը նայիս թէ մարդոց, ո՞վ կրնայ ըսել։ Երբ թաթիկներդ կ'երկնցնես՝ հայրիկդ կը կարծէ որ իրեն համար է, այլ ես գիտեմ որ գլխուդ վերեւը կապոյտ կը տեսնես, անո՛ր կ'երկննաս։ Երբ պարտէզ իջնաս՝ ոչ փչոտ վարդ կ'ուզես որ քաղես, ոչ թեթեւ թիթեռնիկ կ'ուզես որ բռնես, լուսի՞նը կ'ուզես որ տան քեզի ու չես մտածեր թէ ո՛րչափ քարձր է անի։ Քեզի համար ամեն բան կարելի է ու կը զարմանաս իրաւամբ թէ ի՛նչ ուրիշ լաւագոյն բան կրնան ընել մարդիկ քան թէ միայն քեզ սիրել ու քու ամէն կամքդ կատարել։

Իրա՞ւ է արդեօք. իմ ճանչցած Լեւոնս այսպէս էր։ Բայց անկէ ի վեր երկու տարիներ եւ չորս ալ ամիսներ անցան։ Կարծեմ հիմա այն տարիքն ես, կամ ոչ շատ հեռի, ուր Երուանդ իմ տունս եկաւ։ Մեծցար ուրեմն։ Բայց դուն ո՞ւր ես, ես ո՞ւր։ Դուն տակաւին մարդուն ու հրեշտակին մէջ անորոշ բան մըն ես։ Դուն վարդէ չրթունքներ ունիս վրայէն հպելու համար կենաց բաժակէն որ վրա՛ն միայն անուշ է։ Դու զմայլմանց մէջ կ'ապրիս, քու երկնքիդ վրայ աստղունք կը փայլին անհամար, դու խնծիղն ես ու կայտառ, քու՝

Ի ճակատդ աղնիւ
Եւ ոչ մի կնճիռ
Եղընգամբ ժըպիրհ
Ոչ գըրեց վաղիւ։

Հապա՛ Երուա՞նդը, պիտի՞ ըսես հիմա։
Ա՜հ, Երուանդին խօսքը մի՛ ըներ...
Անի վէրքեր ունի։
Աստուած Ձեզ պահէ՛։

Գ. Ս. Օտեան

Ազնիւ Թէոդիկ,

Ի՛նչ սփոփանք կրնան տալ վշտիդ իմ տկար տողերս։ Աքսորանքիդ առաջին օրերուն էր, իրեն պատահեցայ Բերայի Հայոց Գերեզմանատան ճամբուն վրայ, ու երբ իրեն հարցուցի թէ ի՛նչ լուր ունէր քու մասիդ, խորհրդաւոր ժպիտով մը գաղտնիքի մը քօղը բանալով ինծի՝ ըսաւ. «Ինքը լաւ է և գիտենք թէ ո՛ւր է, բայց մեռածի *համբաւ հանած ենք իր մասին, որպէս զի չհետապնդուի...»։*

Ողջ Թէոդիկը պահ մը մեռած էր իրեն համար։ Դրամային ընդելուզուած զաւեշտով մը կը զուարթանար ուրեմն Արշակունիիդ եղերատանջ հոգին, բախտն ունեցաւ սակայն զքեզ վերստին տեսնելու —, բայց անողոք հիւանդութիւնը չուշացաւ իբր առժամապէս և յետոյ յաւերժաբար բաժնել զինքը քեզմէ, — կը խորհիմ։ Եթէ երբեմն՝ ողջ ըլլալով դուն մեռած եղար իրեն համար, ինքն ալ հիմա մեռած ըլլալով չի՞ կրնար արդեօք՝ ողջ ըլլալ քեզ համար։ Զառանցանք մը չէ՛ որ կը տարուիմ, կը կարծե՞ս թէ ա՛լ չիկայ Արշակունին։ — Ոչ մէկն անոնցմէ՝ որոնց կախաղանը կամ Գողգոթան դիտեցիր մօտէն գունդ գունդ ոգեկոչելով զիրենք արտասուաթուրմ էջերուդ մէջ, ոչ մէկն անոնցմէ չէ մեռած ու պիտի չմեռնի մեր յոյսերուն ու հմայքին մէջ։

Մի՛ յուսահատիր, պիտի գտնես զինքն օր մը, իր հոգիովը պայծառացած, իր տենչերով արբեցած, առաջին խօսքդ պիտի ըլլայ իրեն. «Մեռած կը կարծէի զքեզ, Արշակունի, ողջ ես եղեր ուրեմն ու երջանիկ. ա՛խ, սա մարմին դարձած մարդերը, որ հոգիներուն դերը կ՚ուրանան։ — Մխիթարուէ՛, եթէ այս հզօր հաւատքն ունիս այժմէն։

Երուսաղէմ

Վշտակից աղօթարար՝

ԵՂԻՇԷ ԱՐՔԵՊ. ԴՈՒՐԵԱՆ

Առ Գարեգին Եպիսկ. Սրուանձտեանց

Հայր շնորհափայլ,

Վան գաւառին մէջ ծնաք որ այնքան շատ ունիք եռանդ և աւիւն և այս ո՞րչափ բան գիտէք հայութեան վերաբերեալ։ Կը շրջիք, կը շրջիք և միշտ նոր բան մը կը գտնէք, նոր համ մը կ'առնուք, նոր հոտ մը կը բուրէք։

Ձեր գրած գիրքն է իրաւցընէ համով հոտով լի. համն անուշակ Արդամետ խնձորին, փափուկ, կաթնո-բակ, հոտն անուշահոտ ուրցուն(*), դաղձուն(**), յեթենւոյն։

Ձեր ոճոյն մէջ Հայոց նահապետական դարերուն մաքրութիւնն ու դիւթութիւնը կայ, Ձեր զգացումները ու մտածութիւնները քրիստոնէական դարերու սրբութիւնը ու կուսութիւնը ունին։

Գլգլացող առուներէն, խոնաւ հողերէն, թուփին ու տերեւին մէջ սօսափող հովէն կը քաղէք արտօսր և հառաչ — մնջիկ աղաւնոյն աղու մրմունջներն, աղու Եզնկայ նախանձընդդէմ պայքարու։

Դուք ոչ լոկ բնագէտ և բնալոյծ կը պտտիք և և դատէք ծառն ու քարը, հողն ու ջուրը, դուք հոգի կը տեսնէք ամէն բանի մէջ, և եթէ բան մը հոգի չունի, հոգի կուտաք անոր։

Գ. Ա. ՕՏԵԱՆ

(*) Ուրց. շրթնածաղիկներու սեռէն անուշահոտ տունկ՝ (քէքիք օդու) thym.

(**) Դաղձ, վայրի անանուխ։

Թոթովանք
Երախտապարտ սրտի
Ուղղուած մեծ ուսուցչին և փառաշուք Յոբելեարին Առաքելաշնորհ Տ. Տ. Եղիշէ Ս. Արքեպիսկ. Դուրեան։
Պատրիարք Հայոց Ս. Երուսաղէմի

Երջանիկ հայր,

Պարիկ մը ցոյց տուաւ քեզ իմաստութեան աղբիւրը, երբ դուն, շնորհալի մանուկ, շատ կանուխէն ժամ կուգայիր շուարուն և ապշահար, Իւսկիւտարի բարձունքին վրայ, լքած սգաւոր խրճիթդ, ուր բանաստեղծ եղբայր մը իր վերջին շունչին և օրհասական վերջին հոնդիւնին հետ քեզ աւանդեց իր քնարը ըսելով. առ այս, Միհրանիկ, ահա իմ ժառանգութիւնս, ես անով ՍԷՐը երգեցի, դուն երգէ ԱՍՏՈՒԱԾ։ Եւ դուն, տարիներով գրկած այդ քնարը, սրբազա՛ն աւանդ և քաղցր յիշատակ եղբայրական, սրբութիւնը տաւղեցիր, իմաստութեան աղբիւրէն կշտապինդ յագեցած՝ ուրիշներուն ալ պապակը անցուցիր, օրհնեա՛լ ըլլաս։

Սիրելի ուսուցիչս, կը հիանամ քու վայելած անհուն սիրոյն և իրաւունք կուտամ համակիրներու հսկայ թափորին խանդաղատանքին, որովհետև դուն մարզեցիր բարձրագոյն աթոռներու արժանաւոր սաներ, դուն ընտրեցիր այն ճանապարհը, որ մեր ազգային մատենագրութեան սուրբերուն ոտքի հետքերը կը կրեն, այդ ճանապարհը դափնիներով և ծաղիկներով ծածկուած կ՚առաջնորդէ դէպի անմահութիւն։ Երրանի, այն ազգին որ կը ծնի մեծ մարդեր, այն կ՚ապրի անսահման ժամանակներ, հեգնելով աշխարհաւեր փոթորիկը աւեր և վերահաս աղէտներ։

Դարեր առաջ Սափա թագուհին, Սողոմոնի իմաստութեան հռչակով խելայեղ, ծանրագին նուէրներով յոյց ելաւ մեծ թագաւորին, ներկայիս ալ հայութեան հոգին իր բազմահազար զաւակներով կուգայ այցելու նուիրական քաղաքին և կը շրջապատէ պատրիարքական պանդոյքդ ու կը գոչէ, ո՜վ մեծդ, քու իմաստութեանդ համբաւը սթափեցուց զիս հոգիս ալեկոծող երազներէ և զուարթացուց զիս. հայրիկ, ես զուրկ եմ Սափոյի մը ճոխ գանձերէն, միայն ջերմ մաղթանք մը ունիմ քեզ նուէր և կ՚աղաղակեմ, չա՜տ ապրիս։

Այս պահուն Սրբոյ Յակոբեանց մայրավանքին շքեղ դահլիճին մէջ և այլուր մրրիկի պէս գոռացող լեզուներ կը թափուին դրուատալից բացագանչութիւններով քեզ նուիրուած, ամէնէն կարող բեմբասացներ պիտի կրնա՞ն գտնել բառ և իմաստ՝ խորաչափելու իմաստութիւնդ. ես կը կարծեմ թէ անոնք ի զուր պիտի փորձեն շունչ տալ իրենց զգացումներուն. բայց դու անոյշ քմծիծաղով մը և ազնուական ներողամտութեամբ պիտի ընդունիս ամենուն խօսքերը, դուն որուն գաղտնիք չեն երբեք պերճախօսական ոլորքներ և թռիչքներ գեղեցիկ գրութեանց։ Այդ ամենուն հետ ուրեմն հաճէ ընդունիլ քու նախկին մէկ աշակերտիդ այս տկար ողջերձը իբրև մրգուղ միջատի մը բզզիւն։ Թէև այժմ ես գիտութեան տաճարոյն երկրպագու բժիշկներէ անհրաման՝ որոնք չեն ներեր ինծի անմեղ տպաւորութիւններս թղթին յանձնել և կը յափշտակեն գրիչը ձեռքէս, բայց ես կ՚աղերսեմ անոնց, ո՜հ, թոյլ տուէք ինծի, պահիկ մը միայն, որ ապրիմ իմ անոյշ մտածումներուս հետ, որովհետեւ եթէ լռեմ, աւելի պիտի զայրագինին ցաւերս, գուցէ չարաչուք հիւանդութիւնը իր մագիլները ցցէ ինծի դէմ. խնայեցէք ինծի, կ'ուզեմ ըլլալ պատմութեան մէջ հռչակուած այն աւետաբեր բանբերն, որ մտրակուած հայրենասիրութեան մէկ շունչով մղոններ սլացաւ անցաւ եւ ուր ուրեմն շնչասպառ ինկաւ յաղթող ԵԸՖ գոչելով, ու աւետեց այնպէս Մարաթոնի յաղթութիւնը եւ ալ կ'արհամարհեմ վայրկեան մը մահառիթ սարսափը եւ ներքին ձայնիս անսալով յառաջ կ'անցնիմ ահա ի ծունր խոնարհած, ո՜ հայր, փառքիդ մեծութեան պատուանդանին առջեւ կը կրկնեմ. մեծ է յաղթանակդ, օ՛ն քեզ փառք յաւէտ,

Ջերմիկ համբոյրներ շաղացդ լուսահետ,
Վեհ իմաստութիւն լոկ սիրեցիր դուն,
Կեցցես յաւիտեան, հոլի՛ քաջարթուն:

25 Հոկտ. 1929 Ամենախորին մեծարանք առ քեզ
Գուրթուլուշ խոնարհ աշակերտդ
ՍԻՄՈՆ ԳԱԲԱՄԱՃԵԱՆ

ԳԼՈՒԽ ԺԱ.

ԹՂԹԱՏԱՐՈՒԹԻՒՆ

Թղթատարութիւնը հասարակաց մեծ գործ մ'է. իր պաշտօնն է նամակներու փոխանակութիւն, որ անհրաժեշտ է վաճառականութեան և ճարտարութեան պիտոյից: Նա հաւասարապէս գոհացում կուտայ թէ՛ ընտանեկան և թէ բարեկամական շահերուն: Վերջապէս կը դիւրացնէ ժողովուրդներու մէջ յարաբերութիւններ:

Ուրեմն իրաւամբ ըսած է Վոլդեռ. «Թղթատարութիւնն ամէն գործերու, ամէն վաճառականութեանց կապն է. անով բացականեր ներկայ կ'ըլլան: Այն՝ սփոփանք է կեանքին»:

Թղթատարութիւնը ստիպողական պէտքէ ծնած է և այդ պէտքն է մարդոց իրարու հետ թղթակցիլն, անոնց՝ որ երբեմն միացած էին, իսկ այժմ բաժնուած են: Ուրեմն կարելի է ըսել թէ քաղաքակիրթ աշխարհի պէս հին է այն:

Յունական հնութեան պատմագիրներ կը խօսին ձիաւոր սուրհանդակաց հանգոյցներու մասին (relais), *զորս Կիւրոս կարգաւորեց Յիսուս Քրիստոսէ* 550 *տարի առաջ, իր հրամաններն հասցնելու համար իր ընդարձակ պետութեան ամէն կողմ:*

Աստուածաշունչը, Եսթերի գրքին մէջ, առհասարակ քանի մը ծանօթութիւններ կուտայ թղթատարական կազմակերպութեան մասին, որ Պարսից թագաւորին օրով կը բանէր երագաձի սուրհանդակ-

ներու միջոցաւ։ Հռովմայեցիք ևս, երբ հաստատեցին իրենց անհուն պետութիւնը, զգացին կարեւորութիւնն իրենց բոլոր երկիրները հաղորդակցութեան մէջ դնելու։ Անոնց շնորհիւ զանազան թղթատուններ հաստատուեցան, որոնց բազմաթիւ հետքերն մեր օրերն իսկ կ'երեւան։

Բայց ընդհուպ բարբարոսներու արշաւանքը Հռովմէական կայսրութեան անկումը յառաջ բերաւ, իբրեւ կոհակ տարածուեցաւ և մարեց ամէն քաղաքակրթութիւն. ինչպէս ուրիշ հաստատութիւններ՝ թղթատարութիւնն անհետացաւ։

Մեծն Կարոլոս ջանաց իր կայսրութեան գաւառներուն մէջ հաղորդակցութիւններ հաստատել։ Բայց անոր մահէն ետք յաջորդները թղթատարութիւնն անկեալ վիճակի մէջ թողուցին։

Որովհետեւ այն ատեն բոլոր ճանապարհները ապահով չէին, կարելի չէր կանոնաւոր ծառայութիւն մը հաստատել։ Թղթատարութիւնն այս խռովեալ ժամանակներուն մէջ գրեթէ այլեւս գոյութիւն չունէր. միայն յատկապէս խրկուած սպասաւորներ կամ մէկ քանի սակաւաթիւ անձեր պատգամաւորներու պաշտօն վարելով՝ նամակներ կը տանէին վտանգներու դիմագրաւելով։

Սակայն բազմատեսակ պէտքեր զգացուցին թէ թղթատարութիւնն պէտք է հիմնովին բարեկարգել. այսպէս այն ընդունեցաւ մեծամեծ բարւոքումներ մինչև մեր օրերն և արդի ընկերութեան պէտքերուն համաձայն եղաւ։

Այսօր թղթատարութիւնն գրեթէ կատարեալ գործ մ'է ամենուրեք և կանոնաւորուած է 1878ի Բարիզի

Միջազգային Թղթատարական Համաժողովէն, նոյնպէս 1892ի Պեռնի մէջ գումարուած Համաժողովէն, ուր Օսմ. կառավարութեան կողմէ պատուիրակ ներկայացաւ Ազն. Միլքոն էֆ. Իւզպաշեան։

Այսպէս շնորհիւ հիանալի տնօրինութեանց՝ Թըղթատարութիւնն կ'ապահովէ այժմ աշխարհի հինգ մասանց բնակիչներու արագ, դիւրին և խնայողական յարաբերութիւնները։

Աչքի առջև ունենալով Թղթատարութեան արդի մեծ դիւրութիւններն, տեսնենք այժմ թէ ի՛նչպիսի սուրհանդակներ կային երբեմն Փոքր Ասիոյ մէջ, քաղելով **Charles Texier**ի **Univers**ի «Փոքր Ասիա» անուն հմտալից գործէն։

«Պարսիկները ի Խրիսուպոլիս (Սկիւտար) հաստատած էին սուրհանդակներու կայան մը, որ հրամաններ կը տանէին կայսրութեան բոլոր երկիրներուն մէջ, և հռովմէական կայսրութիւնն այս հաստատութիւնը խնամով կը պահէր։ Օգոստոս կայսրն Պարսից օրինակին հետևեցաւ հաստատելով Վեռետառիներու (Թղթատար) արհեստապետութիւն մը՝ որ կայարաններ ունէին յիսուն մղոնը անգամ մը, հոն կը գտնուէին պահեստի ձիեր՝ որոնք յոգնած ձիերու տեղ կը գործածուէին, նոյնպէս երկանիւ կամ քառանիւ կառքեր՝ որոնք մինչև հազար լիպրա ծանրութիւն կըրնային կրել։ Լծուելու սահմանեալ կենդանիներուն՝ ձիերուն կամ ջորիներուն թիւը որոշուած էր կանոնագրութիւններու միջոցաւ։

«Երկանիւ կառքերն 500 լիպրա կրնային տանիլ. սուրհանդակին ձին 50 լիպրա աւելի կրնար տանիլ։ Ամառը ութ ջորի կը լծուէին, ձմեռը տասը. երկանիւ կառքերուն երեք ձի կը լծէին։ Վաղենտինիանոս Թող չտուաւ որ այս վերջնոց մէջ՝ երեք հոգիէ աւելի նստին։ Փոխադրութեան այս միջոցներէն զատ կային Վէռէտի կոչուած արշաւի ձիեր, որք ահագին հեռաւորութիւններ կը կտրէին կ'անցնէին մեծ արագութեամբ։ Եթէ թամբին ու սանձին ծանրութիւնը 60 լիպրայէն աւելի ըլլար, տուգանք կար։ Իւրաքանչիւր կայարան պէտք էր պատրաստ ունենալ քսան ձի, և երբեք առանց ձիու չմնալ։ Պատրիկները իրենց ձիերը ճոխ կազմածներով կը հանդերձէին, սանձերը ու պախուցները ոսկեզօծ էին։ Վերջապէս հասարակութեան կողմէ վճարեալ անասնաբոյժ մը կայարանին մէջ պաշտօն ունէր։

«Ամէն տարի ձիերու թուոյն մէկ քառորդը կը նորոգուէր, և անոնց տեղ նոր ձիեր կուտար նահանգն։ Այս սուրհանդակներու շնորհիւ լուրերը կը տարածուէին ամենամեծ արագութեամբ։ Ձիերը թամբելու համար միշտ պատրաստ գերիներ կային։ Պաշարաբարձ շտեմարաններ կը ծառայէին ոչ միայն սուրհանդակի ձիերու, այլ և այն ձիաւորներուն՝ որոնք ջոկատ առ ջոկատ կը ճամբորդէին։ Կայսրերը իսկ փոխադրութեան այս միջոցը կը գործածէին։ Տիտոս հիւանդացաւ սուրհանդակաց կայանի մը մէջ։

«Մասնաւոր անձինք կայսերաց փոխադրութեան համար ի գործ դրած միջոցը կրնային գործածել պրետորներու պետին մէկ մասնաւոր հրամանագրով։

«Պլինիոս, Բիւթանիոյ պրետորը, շատ խստապահանջ ըլլալ կը թուի այս հրամանագրերը տալու մասին, և Տրայիանոսի կը գրէ թէ բացարձակապէս կարեւոր պարագայի մէջ միայն կուտայ։ Նոյն ինքն իր նահանգին մէջ պտըտած ատեն ձիով չէր ճամբորդեր, այլ կառքով. այս կերպով գնաց Եփեսոսէն ի Պերկա-

մա. բայց այս ճամբորդութիւնը շատ յոգնեցու-
ցինքը. և Պերկամայի նաւահանգիստէն Պիտանայ
նաւ նստաւ Բիւթանիա երթալու համար։

«Հասարակաց սուրհանդակները (Անկարի) այս հաստատութիւնն տակաւ կը սկսէր դադրիլ Բիւզանդական կայսրութեան օրով, պանդոկապետները կողմնակցութեան և կամ դրամով՝ սուրհանդակաց կրնային ծառայել, և ուզողին իրենց ձիերը վարձու կուտային։ Ճամբաները գէշ ըլլալուն համար սայլերու գործածութիւնն անպէտ դարձած էր։ Վարչութիւնը կը սկսէր խառնակիլ, երբ Օսմանեանք տիրացան երկրին։ Ասոնք ձիաւոր ժողովուրդ ըլլալով՝ իրենց իշխաններն անգործութեան մէջ չձգեցին հաստատութիւն մը՝ որուն մէջ ձին գլխաւոր դերը կը կատարէր։ Հռովմէական Մանսիոնէններուն յաջորդեցին Մէնզիլխանէններն, զորս Սուլթան Սիւլէյման բարեկարգեց։ Պրետօրներու պետին կողմանէ յանձնուած հրամանագիրներուն տեղ (diplome) անցած պույրուլտուններն, զորս փաչան կուտար և կառավարութեան գործակատարները միայն իրաւունք ունէին ձի գործածելու։ Բայց փոխադրութեան այս հաստատութեան մէջ վաճառականութիւնն ալ դեր ունէր։ Միևնոյն ժամանակ քարվանսարայ անուամբ սքանչելի պալատներ հաստատեցին, այսինքն կարաւաններու պալատներ։ Այս հաստատութիւնները գետնայարկի վրայ ունէին ընդարձակ ախոռներ, ապրանաց համար մթերանոցներ և առաջին դստիկոնին վրայ ճամբորդներու համար սենեակներ։ Ընդհանրապէս այս հաստատութիւններն իրենց յատուկ եկամուտ ունէին, այնպէս որ կարաւանները չնչին գումար մը տալով կ՚ընդունուէին։

ՀԵՌԱԳՐՈՒԹԻՒՆ ՀԻՆ ԱՏԵՆՆԵՐԸ

«Բացի կայսերական հրամանները ցամաքի ճամբով փոխադրելու եղանակէն, Բիւզանդիոյ վեհապետները օդային-գիշերային հեռագրական թել մը հաստատած էին Տարսոսի եւ Սկիւտարի մէջ։ Առաջին կայանը հաստատած էին Պուլկուրլու լերան վրայ։ Այս հեռագրաթելը կը հաղորդակցէր Կոստանդնուպոլսոյ հետ։

«Այս տեսակ հեռագրական նշաններու գիւտը շատ հին ժամանակներէ կը սկսի։ Տրովայի առումը աւետուեցաւ Յունաստանի՝ գիշերային նշաններով՝ որոնք իրարու փոխանցուեցան մերձ առ մերձ բոլոր լերանց գագաթներուն վրայ։ Կելտացիք ալ գիտէին թղթակցութեան նոյն միջոցը, բայց հեռագրական նշաններու կանոնաւոր կազմակերպութիւնը բուն Իններորդ դարէն կը սկսի. այս նշաններն կատարելագործուեցան Թէոֆիլոսի օրով՝ Թէսաղոնիկէի եպիսկոպոս Լեւոն Իմաստասէրի ձեռամբ։ Թշնամիներուն շարժումները դիտելու համար կազմակերպել տուած էր այս տեսակ հեռագրութիւն մը, կրակներն այնպէս մը կարգադրուած էին՝ որ ծածկագրութիւններն պարբերութեանց իմաստը կը յայտնէին. ութը կայաններ հաստատուած էին Տարսոսի եւ մայրաքաղաքիս մէջ։ Առաջինն ի Բուլա Տարսոսի մօտ (անշուշտ այսօրուան Քիւլէկ պօղազը կոչուածն), իսկ վերջինը Պուլկուրլու լերան վրայ. այս վերջին կայանը կը հաղորդակցէր ուղղակի պալատին հետ։»

ԹՂԹԱԲԵՐՆ ԵՒ ԻՐ ՊԱՏՄՈՒԹԻՒՆԸ

1830էն առաջ մասնաւոր անձինք իրենց նամակները իրենց ծախքով մարդ կը խրկէին կ'առնէին, եւ կամ անձամբ կ'առնէին զանոնք նամակատունէն։ Շատ նամակներ շատ օրեր կ'ուշանային կամ երկայն պըտոյտներ ընելէ յետոյ անոնց տէրերէ կ'առնուէին։

ԴՐՈՇՄԱԹՈՒՂԹ

Դուք ամէնքդ ալ տեսած էք դրոշմաթուղթեր։ Ասոնք փոքրիկ նկարներ կամ դէմքեր են։ Ունին զանազան արժէք իրենց տպման համար գործածուած գոյներուն համաձայն։ Անոնք կը գործածուին նամակատունը յանձնուած թղթակցութեան տարկաններու և նամակներու վճարումէ այլեւս ազատ ըլլան յայտնելու համար։ Մենք զայն կը փակցնենք նամակին վրայ, նամակատուփը ձգելէ առաջ, և այսպէս նամակը կը հասնի իր տիրոջ։

Այս գիւտին փառքը Անգլիոյ կը վերաբերի, ուր առաջին դրոշմաթուղթերը յօրինուեցան 1840ին։ Լուի Ֆիկիէ հետեւեալ կերպով կ'ընէ գիւտին պատմութիւնն **La Scieuce Ulustrée**ի 1892 տարւոյ թիւերէն միոյն մէջ։

«Դրոշմաթղթերու գիւտը կ'ընծայուի ընդհանրապէս Անգլիոյ Հասարակաց Խորհրդարանի մէկ անդամին, Սըր Ռաուլէնտ Հիլի։ Բայց այս գիւտի մասին Անգլիոյ իրաւունքները խնդրոյ նիւթ են, և գիւտին փառքը Ֆրանսական թղթատարութեան վարչութեան կ'ընծայուի մի քանիներէ, բայց երկու կողմէ փաստեր կը պակսին։

«Կ'ըսուի թէ այս դարուս կիսուն Փարիզի Սէնթ-Անթուան արուարձանին մէջ առանձինն բնակող Բոլոնիացի Հրեայ մը Բրաքովիէն յաճախ նամակներ կ'ընդրունէր Նամակատան մէջ մնալի (poste restante), իսկ ինքն՝ մինչեւ զանոնք կը մերժէր քանի մը վայրկեան ուշի ուշով աչքէ անցունելէ յետոյ։ Երբ այս մարդը դէպ ի Գրաքովիա ճամբորդելու եղաւ, Թղթատարութեան պաշտօնեայ մը անոր հարցումներ ըրաւ տրուած նամակները մերժելու տարօրինակ սովորութեան վրայ, անշուշտ իր հարցման հետ քիչ մ'ալ դրամ խթելով, ձեռնա՛րկ՝ որ Հրէի մը համար անմերժելի չէ։ Որուն փոխարէն Հրեան հետ սա խոստովանութիւնը ըրաւ. «Իմ կինս կը գրէր նամակին վրայ Տէր, աղջիկս ալ կը գրէ իմ անունս, փեսաս՝ Նամակատան մէջ մնալի և թոռս՝ Փարիզ։ Այս կերպով կը տեղեկանայի թէ բոլոր ընտանիքս առողջ էին։

«Թղթատարական վարչութիւնն այն ատեն համոզուեցաւ թէ հարկ էր փոխել նամակաց փոխադրութեան գինն, որ այն ատեն շատ բարձր էր, վասն զի կը յիշեմ թէ 1840ին Մոնփէլիէէն Փարիզ նամակի մը նամակի մը համար 18 սոլ (20 սոլը 1 ֆրանք է) կը տրուէր։ Այն ժամանակէն է որ գաղղիական Թղթատարութեան վարչութիւնը սկսաւ Թղթատարութեան բարենորոգման մը ուսումնասիրութիւնն ընել։

«Սակայն ստուգիւ Անգղիոյ մէջ է որ առաջին անգամ դրոշմաթղթեր գործածուած են, և պատճառ եղած են փոխադրութեան գնոյն մեծապէս նուազման և հասոյթներու աճման։

Այս բարենորոգումը 1840ին հաստատուեցաւ Անգղիոյ մէջ խորհրդարանի քուէարկութեամբ։

«Ահա այն մանրավէպը՝ որ Անգղիոյ մէջ կը պատմուի այն եղանակի մասին՝ որով Հասարակաց խորհըրդարանը համոզուեցաւ Թղթատարական փոխադրութեան գինը նուազեցնելու պէտքին։

1837ին Հասարակաց խորհրդարանի անդամ Սըր Ռոուլէնտ Հիլ Սկովտիոյ մէջ ճամբորդած ատեն իջեւանեցաւ պանդոկ մը, ուր ականատես եղաւ հետեւեալ իրողութեան։ Ցրուիչը սպասուհիին կը բերէ նամակ մը իր եղբօրմէն։ Սպասուհին ուշի ուշով կը քննէ պահարանը, յետոյ ետ կու տայ նամակը ցրուիչին, պատճառելով թէ դրամ չունի գինը վճարելու համար։ Անգլիացին այն ատեն կ'առաջարկէ որ ինք վճարէ անոր համար։ Բայց երիտասարդուհին կը մերժէ ի սպառ այս ծառայութիւնը։ Ճամբորդը այս յամառութեան վրայ զարմանալով՝ իր հարցման կ'առնէ զայն՝ սա խոստովանութիւնը ընելու թէ առանց քսակին բերանը բանալու իր եղբօր հետ կը թղթակցէր ինչ ինչ որոշեալ նշաններով, որոնք նամակին պահարանին վրայ կը գծուէին։

«Սըր Ռոուլէնտ Հիլ այս դէպքը պատմեց խորհրդարանին մէջ՝ հասկցնելու համար նամակաց գինը իջեցնելու հարկը։ Որպէս զի աղքատները կարենան թղթակցիլ առանց պետական գանձուն դէմ նենգելու՝ առաջարկեց այդ գինը մէկ քէննիի իջեցնել։ Նուազումը քուէարկուեցաւ և Սըր Ռոուլէնտ Հիլի յանձնուեցաւ թագուհւոյն գլուխը ներկայացնող պատկերներ փորագրել տալ և վերակացու ըլլալ դրոշմաթղթերու առաջին հանման՝ որ 1840ին եղաւ։

«Գաղիոյ մէջ առաջին դրոշմաթղթերն՝ որոց համար 25 սանդիմ կը տրուէր 15 կրամ կշռող նամակի մը համար՝ Փարիզի փողերանոցին մէջ փորագրուեցան Հիւլոյի ձեռքով և 1849ին հանուեցան։ Յետոյ գինը 25 սանդիմի իջաւ։»

Թուրքիա 1856ին հնարուեցան դրոշմաթուղթեր,

որոնք այլ և այլ ձեւեր առնելէ յետոյ կը կրեն այժմ զանազան խորհրդանիշեր։

Մէկ քանի երկիրներ ընդունած են այլ և այլ պատկերներ տարբեր գնով դրոշմաթղթերու համար։ Այսպէս Ամերիկայի Միացեալ Նահանգաց դրոշմաթուղթերն երկրին երեւելի մարդիկը կը ներկայացնեն, զոր օրինակ Ֆրանքլին, Վաշինկթոն։

Ուրիշ երկիրներ իրենց դրոշմաթղթերու վրայ տըպաւորած են իրենց ազգային զէնքերն կամ այն երկրին յատուկ ծաղիկներ, պտուղներ, կենդանիներ։

Դրոշմաթղթերու գործածութիւնն այսպէս քաղաքակրթեալ աշխարհի ամէն կողմերն արագօրէն տարածուիլը կը ցուցնէ թէ ո՛րչափ կարեւոր է անոր գոյութիւնն։ 1840ին, երբ հնարուեցան անոնք, ո՞վ գիտէր թէ անոնք իբրեւ դրոշմաթուղթ ծառայելէ զատ, բաւական կարեւոր առեւտուրի մը պատճառ պիտի ըլլային։ Մանկիկներ այս փոքր պատկերներէն հրապուրուելով մտածեցին զանոնք հաւաքել։ Ծնողք եւս շահագրգռուեցան և իրենց հաշուոյն հաւաքումներ կազմեցին։

Դրոշմաթուղթերու ալպոմներու ճաշակն այսպէս բոլոր աշխարհ տարածուեցաւ ընկերութեան ամէն դասակարգերուն մէջ։ Եւ այս հաւաքածոներէն նոր վաճառականութիւն մը յառաջ եկաւ։

Փոքրիկ պետութիւններէն ոմանք, հաւաքողներու աւելի դրոշմաթուղթ կը ծախեն քան թէ նամակի համար։

Գալով տղայոց, հաւաքման սէրը զանոնք զբաղեցնելով և ախորժելի զբօսանք մը ընծայելով հանդերձ կրնայ նաև անոնց բան սորվեցնել։

Փոքրիկ մանուկն այդ դրոշմաթղթերն ստէպ ձեռք առնելով և դասակարգելով կը բաղձայ գիտնալու թէ աշխարհի ո՛ր մասին մէջ կը գտնուի այն երկիր՝ ուստի կուգան անոնք։ Այսպէս անաշխատ կը յաւելու իր պատմական և աշխարհագրական հմտութիւնքը։

Նմանապէս կ՚ուսանի այլ և այլ ժողովրդոց դրամական դրութեանց մէջ եղած տարբերութիւնները՝ և կ՚ընդելանայ շուտով օտար դրամոց անոր արժէքին։

ՎԵՐՋ

ԳԼՈՒԽՆԵՐՈՒ ՑԱՆԿ

[illegible]

www.ingramcontent.com/pod-product-compliance
Lightning Source LLC
Chambersburg PA
CBHW070615100426
42744CB00006B/485

* 9 7 8 2 0 1 2 6 3 4 4 1 1 *